本书受"浙江省哲学社会科学重点研究基地产业发展政策研究中心"资助

IP 知识产权专题研究书系

JISHU BIAOZHUN ZHUZUOQUAN
WENTI YANJIU

技术标准著作权问题研究

郑 培 陈 杰 唐建辉 著

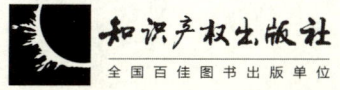

知识产权出版社
全国百佳图书出版单位

图书在版编目（CIP）数据

技术标准著作权问题研究／郑培，陈杰，唐建辉著．—北京：知识产权出版社，2015.6
ISBN 978-7-5130-3587-3

Ⅰ.①技⋯ Ⅱ.①郑⋯②陈⋯③唐⋯ Ⅲ.①技术标准—著作权—研究 Ⅳ.①G307 ②D913.04

中国版本图书馆CIP数据核字（2015）第140843号

责任编辑：刘 睿 文 茜　　　　　　责任校对：孙婷婷
特约编辑：杨艳敏　　　　　　　　　　责任出版：刘译文

技术标准著作权问题研究
郑 培　陈 杰　唐建辉 著

出版发行：	知识产权出版社 有限责任公司	网　　址：	http：//www.ipph.cn
社　　址：	北京市海淀区马甸南村1号	邮　　编：	100088
责编电话：	010-82000860 转 8113	责编邮箱：	liurui@cnipr.com
发行电话：	010-82000860 转 8101/8102	发行传真：	010-82000893/82005070/82000270
印　　刷：	保定市中画美凯印刷有限公司	经　　销：	各大网上书店、新华书店及相关专业书店
开　　本：	720mm×960mm　1/16	印　　张：	14.25
版　　次：	2015年6月第一版	印　　次：	2015年6月第一次印刷
字　　数：	167千字	定　　价：	35.00元
ISBN 978-7-5130-3587-3			

出版权专有　侵权必究
如有印装质量问题，本社负责调换。

序

技术标准著作权的相关问题存在较多的争议，是一个值得深入研究的领域。今天有幸拜读了郑培等同志合著的《技术标准的著作权问题研究》书稿，受益匪浅，有许多感悟，是标准化工作者和知识产权工作者值得一读的著作。

该书首先对著作权的相关问题进行了阐述，主要介绍了著作权的对象和内容。在论述著作权的基础上，重点研究了标准的著作权属性，包括标准著作权的取得、丧失、转让、许可使用和保护等问题。该书对国际标准化组织（ISO）、国际电工委员会（IEC）、国际电信联盟（ITU）三大国际标准化组织的国际标准版权政策进行了剖析，对其特点和运作程序进行了比较研究。发达国家的标准著作权问题得到了较好的保护，缘于其有很好的法律法规和知识产权保护的良好环境，该书对美国、德国、日本、英国和欧盟的标准著作权问题进行了研究分析，内容包括法律、法规、政策、运作程序和环境等，标准对象既有国家标准，也有行业、协会标准。作者对我国标准著作权的现状进行了研究，内容涉及强制性国家标准、推荐性国家标准、行业标准和地方标准，并通过与国际标准化组织、发达国家和地区的标准著作权的比较，分析了我国标准著作权值得进一步改进的地方。

该书涉及法律领域和标准化领域，内容非常丰富，知识性强，对标准化研究者、标准化工作者具有非常高的指导价值和实用价值，著作中对我国各类标准著作权现状的分析，比较深刻和透彻，对我国各级标准化管理部门和知识产权管理部门进一步完善我国标准著作权管理有良好的借鉴作用。

宋明顺

2015 年 2 月

目　　录

第一章　著作权基础知识 …………………………………… (1)
　第一节　著作权概述 ………………………………………… (1)
　　一、著作权概念 ……………………………………………… (1)
　　二、著作权法律制度的产生和发展 ………………………… (2)
　　三、著作权法的立法基础 …………………………………… (9)
　第二节　著作权对象 ………………………………………… (14)
　　一、作品概念 ………………………………………………… (14)
　　二、作品独创性 ……………………………………………… (15)
　　三、不能成为著作权对象的作品 …………………………… (20)
　第三节　著作权内容 ………………………………………… (21)
　　一、著作使用权能 …………………………………………… (22)
　　二、公益辅助权能 …………………………………………… (25)
　　三、私益辅助权能 …………………………………………… (27)

第二章　标准著作权基本理论 ……………………………… (31)
　第一节　标准概念 …………………………………………… (31)
　第二节　标准的作品属性 …………………………………… (33)
　第三节　标准著作权主体 …………………………………… (36)
　　一、原始著作权主体和继受著作权主体 …………………… (36)
　　二、个人主体和单位主体 …………………………………… (38)
　第四节　标准著作权的内容 ………………………………… (41)
　　一、署名权能 ………………………………………………… (42)
　　二、完整权能 ………………………………………………… (44)
　　三、复制权能 ………………………………………………… (45)

四、发行权能 …………………………………………… (47)
　　五、翻译权能 …………………………………………… (48)
　　六、信息网络传播权能 ………………………………… (49)
 第五节　标准著作权的保护范围 …………………………… (50)
 第六节　标准著作权的取得 ………………………………… (54)
 第七节　标准著作权的丧失 ………………………………… (55)
 第八节　标准著作权的转让 ………………………………… (57)
 第九节　标准著作权的许可使用 …………………………… (59)
　　一、合同形式 …………………………………………… (60)
　　二、权利内容 …………………………………………… (60)
　　三、时间、地域范围 …………………………………… (61)
　　四、使用费 ……………………………………………… (62)
　　五、其他 ………………………………………………… (63)
　　六、合同的解释 ………………………………………… (63)
 第十节　标准著作权的合理使用 …………………………… (64)
　　一、标准著作权合理使用的一般理论 ………………… (64)
　　二、标准著作权合理使用的具体情形 ………………… (66)
 第十一节　标准专有出版权问题 …………………………… (69)
　　一、专有出版权的一般理论 …………………………… (69)
　　二、标准专有出版权问题 ……………………………… (70)

第三章　国际组织标准著作权政策 …………………………… (78)
 第一节　ISO标准及其著作权政策 ………………………… (78)
　　一、著作权对象的范围 ………………………………… (83)
　　二、指导原则 …………………………………………… (86)
　　三、著作权的归属 ……………………………………… (87)
　　四、著作权的权项 ……………………………………… (87)
　　五、著作权的利用 ……………………………………… (89)
　　六、著作权的限制 ……………………………………… (90)

七、标准制定所涉及的他人的著作权 …………………… (91)

　　八、相关法律适用问题 …………………………………… (92)

　第二节　IEC 标准及其著作权政策 ……………………………… (93)

　　一、著作权的对象 ………………………………………… (95)

　　二、著作权的公示 ………………………………………… (96)

　　三、著作权的权项 ………………………………………… (96)

　　四、著作权的利用 ………………………………………… (97)

　　五、著作权的限制 ………………………………………… (98)

　第三节　ITU 标准及其著作权政策 ……………………………… (99)

　第四节　我国对国际标准著作权政策的认可 …………………… (101)

第四章　外国国家及区域标准著作权政策 …………………………… (103)

　第一节　美国国家标准的著作权政策 …………………………… (104)

　　一、著作权的归属 ………………………………………… (105)

　　二、著作权的利用 ………………………………………… (105)

　第二节　欧洲标准的著作权政策 ………………………………… (106)

　　一、著作权的对象 ………………………………………… (108)

　　二、著作权的归属 ………………………………………… (108)

　　三、著作权的公示 ………………………………………… (110)

　　四、著作权的利用 ………………………………………… (110)

　　五、著作权的限制 ………………………………………… (110)

　　六、适用法律 ……………………………………………… (111)

　第三节　英国国家标准的著作权政策 …………………………… (113)

　第四节　德国国家标准著作权政策 ……………………………… (115)

　第五节　日本国家标准著作权政策 ……………………………… (118)

第五章　外国学会标准著作权政策 …………………………………… (121)

　第一节　美国学会标准的著作权政策 …………………………… (121)

　　一、ASTM（国际）………………………………………… (122)

　　二、IEEE …………………………………………………… (123)

三、ASME ……………………………………………（126）
　　四、ASCE ……………………………………………（127）
　第二节　欧洲学会标准的著作权政策 …………………（128）
　第三节　日本学会标准的著作权政策 …………………（133）

第六章　我国国家标准著作权政策 ……………………（137）
　第一节　国家标准 ………………………………………（138）
　第二节　国家标准的著作权现状 ………………………（142）
　第三节　推荐性国家标准著作权问题的探讨 …………（149）
　　一、赞成派的主要观点 ………………………………（149）
　　二、反对派的主要观点 ………………………………（152）
　第四节　强制性国家标准著作权问题的探讨 …………（156）

第七章　我国行业标准著作权政策 ……………………（161）
　第一节　行业标准 ………………………………………（162）
　第二节　行业标准的著作权现状 ………………………（165）
　第三节　行业标准著作权问题的探讨 …………………（168）

第八章　我国地方标准著作权政策 ……………………（171）
　第一节　地方标准 ………………………………………（172）
　第二节　地方标准的著作权现状 ………………………（176）
　第三节　地方标准著作权问题探讨 ……………………（180）

参考文献 ……………………………………………………（182）
附录：国内主要标准著作权规范性法律文件 ……………（191）
后记 …………………………………………………………（218）

第一章 著作权基础知识

第一节 著作权概述

一、著作权概念

著作权是民事主体依法对作品所具有的排他性支配权。这个概念具有以下几层含义：

第一，著作权是一种支配权。所谓支配，既包括对作品的各种利用方式，也包括对作品的处分，这其中包括事实处分和法律处分。

第二，著作权是一种排他性权利。对于同一件作品，在同一法域中，只能产生一个著作权，不能产生两个以上的著作权。在特定作品被授予著作权以后，就排除了他人对同一作品享有著作权的可能性。

第三，著作权是一种法定权利。哪些作品能够具有著作权？著作权的基本权能是什么？著作权的存续期间有多长？这些都需要由法律明确规定。

上面提及的是狭义的著作权概念，广义的著作权概念还包括邻接权。所谓邻接权，是指与著作权相邻、相近似的一些权利。包括录音录像制作者对其制作的录音录像制品、广播组织对其播出的节目信号、出版者对其设计的版式等具有的排他性支配权。邻接权对象并非作品，但与作品有着密切的联系，或是作品的载体，如录音录像制品、节目信号；或是作品的外部存在方式，如版式。邻接权的权能也多与著作权类似，但没有署名权能和完整权能，因而属于广义的著作权范畴。

著作权是英美法系中的概念，与著作权近似的概念是"版权"，大陆法系国家一般使用"著作权"概念。随着两大法系之间的相互借鉴和融合，特别是两大法系的主要国家均加入了《保护文学和艺术作品伯尔尼公约》（以下简称《伯尔尼公约》），"著作权"和"版权"两个概念的内容逐步接近。我国在制定著作权法时，就使用著作权概念还是版权概念曾经发生争论，争论的结果就是在《中华人民共和国著作权法》（以下简称《著作权法》）第56条规定："本法所称的著作权即版权。"这就是说，在我国法律上，著作权和版权是同义概念，没有任何区别。

二、著作权法律制度的产生和发展

古希腊、古罗马时期，一般人都不以创作为业，极少是为了温饱而执笔，创作的目的或是为了追逐名望，或是为了作世人导师。作者为了宣扬自己的思想观点，往往并不反对他人复制其作品。同时，也是由于印刷技术的落后，再加上图书市场的狭小，盗版行为不仅在技术上存在困难，而且也缺少经济意义。只是对那些剽窃作品的人，作者往往口诛笔伐指摘一番。比如，古罗马讽刺诗人马休尔视其著作如子女，凡剽窃其著作者，则喻为绑架者，时人亦多厌恶剽窃行为，但当时的法律并无保护著作权的规定。[1]

---

[1] 施文高：《比较著作权法制》，台湾三民书局1993年版，第3页。

欧洲中世纪是文化黑暗时期，当时的著作都源于寺院，内容大半是关于宗教方面，僧侣（教士）身兼著作人与缮写两重身份。一般著作几乎都是集体创作，无法确定作者。其他著作也大部分具有政治性质，撰写目的就在于广为流传，志在唤起宗教、政治改革意识，并不介意著作的商业价值。但对于作品的署名和完整性则反而更为关注。❶

我国的宋朝集历代印刷技术之精华，在毕昇发明活字印刷术以后，大规模印刷成为可能，盗版行为在技术上可行，在经济上有利可图。因此，在书籍上有类似现代著作权页的记载。也有向官府提出诉状的，称："本宅见刊方舆胜览——并系本宅贡士私自编辑，积岁辛勤。今来雕版，所费浩瀚，窃恐书市嗜利之徒，辄将上件书版翻开，或换名目，或以节略舆地纪胜等书为名翻开搀夺，致本宅徒劳心力，枉费钱本，委实切害。"意思是说，出版商雇人撰稿，形成的著作权属于出版商，但其他出版商或更换版式，或更改书名，以此来出版，致使该出版商血本无归，损失重大。

另外，还有获得行政特许的，从国子监（国家教育行政部门）获得禁止翻版公据："维清窃维先叔刻志穷经，平生精力毕于此书，倘或其他书肆，嗜利翻版，则必窜易首尾，增损意义，非惟有辜罗贡士锓梓之意，亦重为叔明经之玷，今状披陈——乞给据付罗贡士为照。——如有不遵约束，违戾之人——追板劈毁，右出给公据付罗贡士樾收执照应。淳祐八年。"也就是说，一个叫做罗贡士［贡士是参加全国范围科举考试（会试）及格后获得的资格］的人出版了维清叔叔（已经去世）

---

❶ 施文高：《比较著作权法制》，台湾三民书局1993年版，第3页。

的一本书，为了防止其他出版商（书肆）盗版，维清请求教育主管部门为罗贡士出具执照。盗版者要受到"追板劈毁"的处罚。由此可见，在宋朝已经有了申请保护制度，保护的理由在于维护作品的完整性，保护的手段是类似行政许可方式。总之，在中国古代，并没有著作权理念，偶尔存在对出版商利益的行政保护措施，但并没有由此而形成完善的行政特许制度。

著作权制度是随着印刷术的采用而出现的。随着活字印刷术传入欧洲，大规模的印刷成为可能，推动了图书市场得以形成，这就使得图书出版有利可图，直接诱发盗版行为。但当时正处于文艺复兴时期，欧洲出版界以古典作品的出版为重点，几乎看不到当世作者的作品。对古典作品的发现、整理、排版需要付出很大的成本，但盗版又是轻而易举的事情。在这种情况下，出版商需要得到政府的保护，排除他人出版特定作品的机会，以保证其投资收益。对于政府而言，也需要控制出版行为来控制思想的传播。上述两个方面的需要直接催生了出版特许权制度。这一制度始见于15世纪的威尼斯，出版商为了垄断某些图书的印刷和销售市场，防止同行竞争，往往将书稿提前送给政府审查，以获得一定期限内的特许权。在英国，女王于1662年颁布了第一个许可证法，正式建立了行政特许权制度。行政特许权制度是著作权制度的前身，著作权的一些理念和制度从行政特许权制度孕育出来。

现代著作权制度的标志有三个：第一，以作者权益保障为核心，而不是以出版商利益为核心；第二，权利内容、期限等法定化，而没有行政自由裁量的空间；第三，不再具有思想控制功能。1709年，英国颁布《安娜女王法令》，该法的原名是《为鼓励知识创作而授予作者及购买者就其印刷成册的图书在一定时期内之权利的法》，这里的"购买者"指从作者手中购买著作权的出版商，著作权的有限期限是自法律公布之日起21年，作者享有出版该书的专有权利。著作人或任何有权之人，均得依法申请登记，由此，英国法上的行政特许制走入了历史。《安娜女王法令》的功绩就在于废除了检察制和特许制，进而确立了著作权法制的雏形。后来，英国、美国、法国、德国等国家分别制定了著作权法，由于立法指导思想以及法律传统上的差异，形成了两套不同的著作权法律制度体系。这两套制度体系存在以下一系列差异。

第一，立法指导思想不同。大陆法系国家著作权法以保护自然人作者的人格及财产权益为最高目的，在此基础上形成了著作权法律制度。而英美法系国家著作权法的立法目的在于调整自然人作者、出版商及其他相关主体之间的利益关系，在此基础上形成的著作权制度并不以保护某种主体利益为最高目的。

第二，主体不同。大陆法系国家侧重以自然人为著作权主体，对以法人为著作权主体存在着较多的歧视和限制。而英美法系国家对于自然人、法人为著作权主体则并无偏见。

第三，权能不同。大陆法系国家著作权权能中包括发表权、署名权、完整权等所谓著作人格权，而英美法系国家著作权中一般没有这些著作人格权。

第四，有无邻接权制度不同。由于不承认表演行为、录音录像制品等为著作权对象，大陆法系国家设立了邻接权制度。而英美法系国家由于对作品独创性要求不高，在承认法人为著作权主体问题上也无障碍，因此没有设立邻接权制度。

第五，对作品独创性的要求不同。大陆法系国家对作品独创性要求比较高，德国著作权法要求作品具有一定的创作高度，法国著作权法要求作品反映作者个性。英美法系国家对作品独创性要求比较低，只要作品是独自完成的就具有独创性。

相比较而言，大陆法系国家著作权法由于受到人格说的限制，往往比较僵硬。英美法系国家著作权法着眼于相关主体之间利益关系的调整，受到逻辑的限制较少，因而较为灵活。尽管存在上述差异，但两大法系的著作权制度也在相互吸引、相互融合。大陆法系国家著作权法基于现实的需要，不得不突破人格说的逻辑，更多地承认法人为作者，降低独创性要求，对著作权进行一定的限制。而英美法系国家著作权法也在极为有限的范围内承认署名权、完整权，也在提高独创性标准。特别是两大法系的多数国家都加入了《伯尔尼公约》《世界著作权公约》，从而为著作权法律制度的趋同提供了坚实的基础。不过，两大法系著作权制度的差异仍将在一段很长的时间内存在，法律的生命在于经验，而不是固守既定的逻辑。基于现实生活的需要，大陆法系国家著作权法将更多地突破人格说的限制，向英美法系国家著作权法靠拢。

1910年，清政府颁布中国历史上第一部著作权法《大清著作权律》，共分五章55条。该法有几个规定颇堪重视：第一，第11条规定，凡著作权均以注册日为起算年限，不注册就没有著作权。第二，第32条规定了哪些著作进入了公共领域，包括著作权年限届满、作者无继承人以及愿将作品任人翻印者，还包括"著作久经通行者"，也就是说，著作未经许可广为发行，但作者没有采取措施的，也被视为进入公共领域。第三，第36条规定："不得假托他人姓名发行己之著作；但用别号者不在此限。"提出反向剽窃行为，即主动将自己的作品冠以他人姓名的。我国前几年发生的假冒吴冠中署名的《炮打司令部》一案就是这样一种情形。第四，对于署名权、完整权的规定独具特色，更加符合民法原理。第35条规定："对于他人著作权期限已满之著作，不得加以割裂、改窜及变匿姓名或更换名目发行。"通常所谓著作人格权永世长存，这与民事权利依附于民事主体的基本原理相冲突。而此处的规定则对作品使用者规定了禁止义务，无疑，比规定著作人格权永久存在更为高明。第五，从立法指导思想角度上看，更多地依赖于激励说，而不是人格说，人格说在本法中影响式微。具体表现在：第8条规定，官署、学堂、公司、局所、寺院、会所等法人或非法人组织均得成为作者。第26条规定出资聘人所成之著作，其著作权归出资者所有，也表现在没有设立著作人格权制度上。总体来看，《大清著作权律》克服了大陆法系著作权制度的僵化缺陷，语言洗练、结构精致，很多规定至今仍有借鉴意义。

1915年，民国政府颁布《中华民国著作权法》，大部分来自《大清著作权律》，但也有一些创新之规定。比如，第26条规定："著作权之转让及抵押，非经登记，不得与第三人对抗。"另外，在本法中，较多地使用"假冒"一词，但对"假冒"没有给予界定。结合其他条款的规定，"假冒"应为"剽窃"之意。第29条规定："假托他人姓名，发行自己之著作，以假冒论"，其实就是以剽窃论。

1928年，国民党政府颁布著作权法。大部分来自前两部立法，也有不同之处。比如，第17条规定："出资聘人所成之著作物，其著作权归出资人有之，但当事人间有特约者，从其特约。"第26条规定，冒用他人姓名发行自己之著作物者，以侵害他人著作权论。第 22 条规定，显违党义的著作不得注册。这样的规定具有明显的思想控制痕迹，是一大倒退。

新中国成立后，废除了国民党的《六法全书》，包括著作权法在内。但没有及时地颁布新的著作权法，只有一些零星的政策规定，强调保护著作权，保护作者的经济利益。1984 年，文化部颁布《图书、期刊著作权保护试行条例》，这个条例是 1990 年《中华人民共和国著作权法》（以下简称《著作权法》）的前身和蓝本，也是新中国第一部相对完整的著作权立法。该条例尽管立法的层次不高，仅为部门规章，然而规定了各项著作权、著作权存续期限以及合理使用制度、法定许可制度等，详细地列举了各种侵犯著作权行为，为 1990 年《著作权法》的制定积累了经验。另外，该条例第 14 条规定，为了国家利益，文化部可将某些作品的著作权收归国有并延长其有效期限。这个规定具有浓烈的计划体制色彩，在后来的著作权立法中被摒弃。

1986 年，广播电影电视部颁布《录音录像出版物著作权保护暂行条例》，该条例有两点可堪重视：第一，赋予音像出版物以著作权，而不是邻接权，保护期限为 25 年；第二，对于已经公开发表的作品，音像出版单位可以不经著作权人许可，但须注明作品名称和作者姓名，并支付报酬，从而确立了法定许可制度。

1990 年，我国颁布《著作权法》。这部法律深受两大法系著作权制度的影响，大陆法系影响突出表现为：设置了著作人格权、著作财产权二元制度，前者不能转让，永久存续，后者可以转让，在一定期限内存续。设置了与著作权并列的邻接权制度等。英美法系影响突出表现为：更多地承认法人成为作者，在立法目的上以促进科学文化事业发展等。可以说，在整体制度架构上，我国著作权法倾向于大陆法系，但在制度的灵魂以及一些具体规定方面，则倾向于英美法系。这种状况在可以预见的未来将会长期存在下去。这是因为我国既不可能彻底摒弃人格说而采纳英美法系的立法模式，也不可能不顾现实的需要信奉人格说而采纳德国法的立法模式。

三、著作权法的立法基础

著作权法的立法基础就是著作权保护的正当性基础，也就是说，为什么要保护作品的著作权。从历史发展上看，行政特许制度体现了政府思想控制的目的，同时也赤裸裸地保护了出版商的利益。因而在这个阶段，既没有著作权的概念，也就根本谈不上著作权保护的正当性基础。在17~18世纪之交，自然法理论甚嚣尘上，人权意识觉醒，著作人权利渐获肯定，其理论依据就是精神所有权说。精神所有权说模仿物权理论，认为作品是作者的精神产物，作者对作品具有所有权，正如制造人对其劳力所制造出来的有体物享有所有权一样。总的来看，精神所有权说具有历史合理性，但没有考虑到作品和有体物之间的差异，仿照物权建立著作权制度，认为复制本是原本的孳息，这种推论是机智的，但精神所有权说在理论上无疑是粗糙的。当前，在著作权立法基础方面，发挥决定性作用的是人格说和激励说，这两种学说决定了各国著作权制度的具体架构和模式差异。

首先是人格说。人格说主要从康德、黑格尔时代开始，康德在1785年发表了《论假冒书籍的非正义性》一文，认为作品是作者个人禀赋的实现，作者权利是内在的人格权利。黑格尔认为，作品体现作者的意志，是内在精神的外化。1793 年，费希特发表了《复印的非法性：推理与说教》一文，把作品称为"思想的形式"。德国法学家基尔克认为，著作财产权的源泉是著作人格权。在人格说基础上形成了两种著作权法律制度模式：

第一种是德国制度模式。这种制度模式有以下几个特点：首先，对于著作权的定性，德国模式比较彻底地贯彻人格说，认为作品是人格的体现和反映，著作权既非纯粹的财产权，也不是纯粹的人格权，而是一种复合性的权利，包含各种与人格有关的权能和与财产相关的使用权能。其次，在著作权主体上，由于自然人才具有人格，因而自然人才是最主要的著作权主体，而法人或其他组织只是在特殊情况下才被视为著作权主体。再次，在独创性问题上，采取较高的标准，认为只有达到一定创作高度的作品才能具有著作权。又次，在著作权效力问题上，著作权作为复合性权利，包含人格成分，对著作人格权之侵犯，也能够成立财产权上的请求权。最后，著作权不能转让，只能授权他人行使。也就是说，只能够许可使用。

第二种是法国模式。法国受德国理论的影响创立了"精神权利"概念，形成了一套独特的著作权制度。这种制度模式的特点就在于：首先，承认作品是人格的体现和反映，但并不因此认为著作权就是一种人格权，而是认为著作权包括著作财产权和著作人格权两部分。其次，在著作权效力问题上，认为著作财产权可以转让、继承，有期限。但是著作人格权却不能转让，并且可以无限期存在。最后，在独创性问题上，强调作品应当体现作者的个性，但并不要求具有创作高度。

显然，德国著作权制度模式的特点在于确认著作权是一种包含各种权能的复合性权利，复制权、发行权等均为权能，因而不能单独转让，只能够授权他人行使，更符合民事权利与权能关系的原理。缺点在于比较僵化，如果彻底地坚持人格说，那么著作权既不能转让，也不能继承，法人也不能成为著作权主体。这些制度安排不利于处理各相关主体之间的利益关系，从而不利于经济和文化发展。相较于德国模式，法国模式灵活一些，处于德国模式和英美模式之间，承认著作财产权可以转让，作品独创性要求也不高。

与人格说对应的是激励说。激励说是解释著作权、商标权、专利权等权利正当性的知识产权理论之一。激励说认为，知识产权的目的是要通过激励创造来促进学习、创新和知识等，激励说的核心观念就是实现社会总福利的最大化。该说在知识产权正当性理论中最为盛行，获得了普遍的推行，在许多立法中可以见到。世界历史上第一部著作权法《安娜女王法令》的立法目的就在于"授予作者、出版商专有复制权利，以鼓励创作"。最典型的莫过于1787年美国《宪法》。该法明确规定："国会有权力通过赋予作者和发明人在有限时期内对于其作品和发明享有排他性权利的方式来促进科学和实用艺术的进步。"世界贸易组织《与贸易有关的知识产权协议》（TRIPS协议）甚至也采纳了这一路线。它在第7条指出："知识产权的保护与权利行使，目的应在于促进技术的革新、技术的转让与技术的传播，以有利于社会及经济福利的方式去促进技术知识的生产者与使用者互利，并促进权利与义务的平衡。"并提出"促进科学和实用艺术的进步"，"有利于社会及经济福利"，这些用语显然是基于激励说的阐述。

从激励说的视角上看，一方面，通过著作权的授予能够产生一定的经济激励，从而促进更多的作品涌现出来。这就要求强化著作权的保护，扩大著作权的保护范围。另一方面，人们也看到，对著作权的保护实际上赋予了著作权人一定范围内的垄断权，阻碍了作品的流通，提高了他人创作的成本，从而减少了社会福利。保护范围越大，保护力度越强，其对社会福利的损害越大。这就要求对著作权授予和保护进行一定的限制，比如确立独创性标准，制定合理使用、法定许可等免责条件，承认著作权法上的公共领域等。

英美法系国家著作权法以激励说作为立法基础，在此基础上形成的著作权制度具有以下几个显著特点：第一，作品是否体现人格，这一点并无法律上的意义，著作权是一种纯粹的财产权；第二，在著作权主体问题上，自然人可以成为作者，录音录像制作者、电影制片人、广播电视组织、出版者等法人同样可以成为作者；第三，著作权可以转让、继承，不存在法律上的障碍；第四，在独创性问题上，要求不是很高，既不要求一定的创作高度，也不要求体现作者的个性，值得抄袭之处往往就是值得保护之处。

人格说基础上形成的著作人格权理论往往同民法的基本原理相冲突，比如著作人格权永久存续就与民事权利理论背道而驰。一些具体的制度安排也不适于处理各种利益关系。比如，电影作品的著作权归属就大成问题。《法国著作权法》第14条就将电影剧本作者、改编者、解说词作者、专门为作品谱写的配有或未配有歌词的乐曲作者、导演等推定为电影作品的合作作者。由此形成了错综复杂的利益关系，不利于电影作品的使用，不利于促进经济文化的发展。

相对于人格说而言，著作权法最为合理的立法理论就是激励说。为了达到社会福利的最大化，促进科技文化的进步，激励说贯穿于整个著作权制度：首先，在著作权授予环节，设立了作品独创性标准，对于创造性不高的作品，并不授予著作权。同时，对于时事报道、官方文件等并不授予著作权，以促进信息流通。其次，在著作权保护环节上，采用了思想表达二分法、公共领域等方面理论缩小了著作权的保护范围。正如波斯纳所言："著作权保护越少，作者、作曲家或其他创作者就越可能借用先前的作品而不会侵犯著作权，并因此，创造一部新作品的费用就越低。"❶这样，在授权和维权两个环节上，均是基于激励说的考量，最大限度地减少著作权授予行为对社会福利的损害，最大限度地促进科技文化的发展。

各国著作权法也多在事实上以激励说作为立法的理论基础，其典型体现就是把促进科技文化发展当作是首要的立法目的。比如，我国《著作权法》第1条规定："为保护文学、艺术和科学作品作者的著作权，以及与著作权有关的权益，鼓励有益于社会主义精神文明、物质文明建设的作品的创作和传播，促进社会主义文化和科学事业的发展与繁荣，根据宪法制定本法。"显然，这也是体现了激励说的思想。人格说主要残存于著作人格权制度中。

---

❶ [美] 威廉·M.兰德斯、理查德·波斯纳：《著作权法的经济分析》，见威特曼：《法律经济学文献精选》，苏力等译，法律出版社2006年版，第137页。

第二节 著作权对象

著作权对象是作品，作品是著作权法中最为核心的概念，著作权法中的其他一切概念都是直接或间接地建立在作品概念上。

一、作品概念

作品是一种具有精神功能的知识。这个概念可以从以下几个层次上进行理解：

首先，作品是一种知识。这样的界定有两个方面的好处：第一，将作品同人脑中的思想意识区分开。这里所谓的知识，仅仅适用于知识产权法，就是一种符号组合，由各种符号元素构成。包括作品、商标和发明等知识产权对象都是各种知识。从这个角度上看，作品都是有形的、可复制的，这就把作品跟人脑中的思想意识区分开来。第二，将作品同自然事物区分开。知识都是人工的智力成果，并非自然界的客观存在物，离开了人的智力创造，便没有任何知识。

其次，作品是一种具有精神功能的知识。这是作品同商标、发明等其他知识产权对象之间的根本区别之所在。商标、发明同样是知识，它们同作品之间的根本区别就在于功能的不同。商标和发明具有的是实用功能，而作品具有的是精神功能。精神功能主要包括启蒙明智和怡情愉悦两个方面，代表着主体从符号中获得信息指导或者审美享受，这是作品对人的精神所具有的意义，体现为主体精神状态的改善。这样，同一幅画作，当其用作人们欣赏对象的时候，就是作品；当其放置在商品上促进商品销售的时候，就是商标。同一份技术方案书，当人们从中获得技术信息的时候，就是作品；当人们用来解决实际技术问题的时候，就是发明。因此，作品、商标、发明等都是知识，都是具有不同功能的知识。这样的界定厘清三者之间的辩证关系，有助于促进知识产权法体系化建设。

最后，从系统论的角度上看，作品须构成一个有机的系统，由各种符号元素和要素构成。比如，文字作品由各种文字符号构成，绘画作品由线条、色彩构成，书法作品由线条、墨色等构成。任何作品，一概不能例外。但作品并非符号元素的胡乱排列，同其他知识相比较，必须具有系统性，是一个包含软硬两种要素在内的多层次的内在体系。其中，硬体要素就是各种符号元素的外在组合，软体要素则是符号组合中蕴含的各种信息，包括思想情感信息、情节信息、形象信息以及各种实用信息等。[1] 不同种类的作品有着不同种类的系统要素。比如，符形组合、体裁、结构等为各种作品中都具备的系统要素，艺术形象是文艺作品中特有的要素，而情节则为叙事作品中特有的要素，思想观点为科学作品中的要素等。因此，任何一部作品都不是抽象的智力成果，不是一个混沌的不可划分的整体，而是由各种要素有机结合而形成的系统。

二、作品独创性

独创性是著作权制度的核心概念之一，但对于作品独创性的理解，各国的做法不同。大体上可以区分为两种：一是

---

[1] 比如，在系统论上，就可以把文本界定为"见诸某种载体承载意义的系统化和正式化的符号聚合体"。吴彤：《系统分析与哲学思维方式》，云南人民出版社2005年版，第121页。

英美国家的独创性标准，着重于考察作品创作的过程，而以独立创作作为判断作品独创性的标准，"额头流汗"是这一标准的形象体现。二是大陆法系国家的独创性标准。比如，德法等国从作品出发，考量作品本身是否具有独创性。比如，德国深受黑格尔和康德理论的影响，认为作品应当具有一定的创作高度。

　　从系统论的视角上看，作品要具备一定的精神功能，就不能是符号元素的胡乱堆砌，只能是一个有机的系统，包括符号形式和符号信息两个层次的要素。从来源上看，这些要素可以分为两种：一种是存量要素；另一种是增量要素。存量要素是移入到作品中的既存的知识要素。除了上述存量要素以外，作品中还具有各种增量要素。增量要素是作者在作品中增添的知识要素。从作品创作过程来看，任何创作都需要利用一定的存量要素，也就是说，都必须使用特定符号系统中的符号元素，需要利用既存的体裁样式，借鉴他人的艺术风格，吸取他人的思想观点，参考以前作品中的情节、结构或论证逻辑，甚至直接利用前人作品中的艺术形象。这一切不是剽窃，而是创作的本质之所在。❶ 在吸收消化存量要素的基础上，作者结合自身的感受和生活体验，针对实际问题，借助抽象化和形象化等手段，运用一定的创作技巧，在作品中或是形成自己的思想观点，或是形成了崭新的论证逻辑，或是表达了独特的艺术底蕴，或是提炼了新的情节结构，或是塑造了新的艺术形象和意境，甚至形成了自己独特的艺术风格，这些知识要素形成作品

---

❶ See Jessica Litman, "The Public Domain", *Emory Law Journal*, p. 967, fall, 1990.

中的增量要素。因此，从表面上看，创作是一个作者投入"才能、劳动或判断"的过程，实际上是作品形成增量要素的过程。仅仅投入了"才能、劳动或判断"尚不足以认定作品具有独创性，从而享有著作权。❶

基于存量要素和增量要素的区分，独创性其实就是要求在作品中形成新的符号组合形式、新的艺术形象、新的结构布局、新思想、新观点、新情节、新信息，或是形成独特的艺术底蕴。如果一个作品没有任何增量要素，仅仅是各种存量要素的组合或者重构，就不是一件新作品，那么就没有任何独创性可言。因此，作品独创性的本质就是要具有一定的增量要素，就是要形成前所未有的新作品。在专利法中，新颖性要求发明必须是新的，以前没有申请过专利，描述过或以其他方式为人们所预期过。❷ 如果新作品意味着新颖性的话，我们也可以说，作品的独创性首先就是要求作品具有新颖性。人们往往认为独创性不同于新颖性，❸ 或是认为著作权并不把新颖作为受到保护的必要条件。❹ 试想，如果一个作品从符形组合到符号信息没有任何新颖性，本身就不是一件独立的新作品，只是对旧作

---

❶ Interlego A. G. v. Tyco Indus. Inc., U. K. R. P. C., p. 371, 1988.

❷ Richard A. Mann et al., *Starting from Scratch*: *A Lawyer's Guide to Representing a Start - Up Company*, 56 Ark. L. Rev., p. 785, 2004. ("The novelty requirement means that the invention must be new and not previously patented, described, or otherwise anticipated.")

❸ Richard Bronaugh & Peter Barton & Abraham Drassinower, *A Rights - Based View of the Idea/Expression Dichotomy in Copyright Law*. 16 Can. J. L. & Juris, p. 12, 2003.

❹ ［西］德利娅 利普希克：《著作权与邻接权》，中国对外翻译出版公司 2000 年版，第 43 页。

的复制，自然没有任何独创性可言。❶ 当然，这里的新颖性并非仅仅指作品思想观点、艺术形象等要素，也包括作品的外层符号组合方式、结构等要素。

独创性的本质在于作品具有一定的增量要素，但并非任何具有增量要素的作品都具有独创性，从而能够获得著作权。否则的话，就会出现这样一种荒谬的局面：在他人的作品上改动了一个字，就产生了增量要素，就产生了新的作品，"一字师"就能够获得了著作权。这就需要对增量要素的层次分析研究，只有具备一定层次上的增量要素，作品才可能获得著作权。因此，作品独创性本身也具有一定的层次，不同层次的独创性对于作品可著作权性具有不同的意义。现行著作权制度一个重要缺陷就是仅仅将独创性当作是一个作品可著作权性的门槛，没有对作品独创性的层次进行必要的区分。❷

作品独创性层次分析依赖于对作品的层次进行必要的划分。当代一些艺术理论家认为作品应当分为三个层次，如法国现象学美学的代表人物杜夫海纳认为艺术作品分为感性、主题和表现三层：感性指艺术作品的物质媒介和艺术语言；主题就

---

❶ Burton Ong, *Originality from Copying*: *Fitting Recreative Works into the Copyright Universe*, 2, I. P. Q., pp. 165, 174, 2010. (In this context, the originality criterion approximates to the "novelty" standard used in patent law, where the author of the derivative work has to show that he has added something that was not already found in prior art.) see also Alfred Bell & Co. v. Catalda Fine Arts, 191 F. 2d 99, pp. 104 – 105, 90 U. S. P. Q., 153, 2d Cir. 1951. (In the case, novelty has a limited use in determinations of originality.)

❷ Gideon Parchomovsky 和 Alex Stein 将作品的独创性分为三个层次：高度独创性、一般独创性、细微独创性或无独创性，不过，没有指出划分的具体标准。Gideon Parchomovsky& Alex Stein, *Originality*, 95 Va. L. Rev., p. 1525, 2009.

是由物质质料和艺术质料构成的再现形象；表现，使得艺术作品的意义具有多重性，不可穷尽性，是艺术作品最本质的东西。❶ 另外，现代文学理论也有把文学作品分为语言结构层、艺术形象层和哲学意味层，或者是分为语言层、形象层和意蕴层。❷

借鉴上述文艺理论对作品层次的划分，可以把作品中的要素分为三个层次：表层、中层和深层。其中，表层为作品的外观，也就是符号形式层次。中层和深层都是符号信息层次，中层为作品的框架，包括作品的情节、结构、形象等要素；深层为作品的灵魂，包括思想观点、意蕴等要素。作品中的增量要素随之也可以分为三种：表层增量要素、中层增量要素和深层增量要素，在此基础上形成了表层独创性、中层独创性和深层独创性。作品表层就是指构成作品的各种符形之组合，也就是指作品的外观。仅仅具有表层的增量要素还是远远不够的。中层为作品的框架或作品的主体部分，是表现、支撑或论证作品灵魂或精神的主要手段和依据。不同种类作品的中层是不同的。一般来说，作品的中层就是作品中无形的结构以及围绕着作品结构而展开的决定作品有无价值的核心要素，如艺术形象、情节、分论点、论据等。作品价值或功能之有无在判断作品可著作权性时就显得至关重要。这样，中层的增量要素之有无，或者说，作品的中层独创性就自然而然地成为判断作品可著作权性的根本标准和关键步骤。深层指作品所要表达的以及作品所具有的深层次的意义取向。对于科学作品而言，深层主

---

❶ 彭吉象：《艺术学概论》，北京大学出版社2006年版，第328页。
❷ 赵炎秋、毛宣国主编：《文学理论教程》，岳麓书社2000年版，第108页。

要是表达了一定的思想观点；对于事实作品而言，深层就是作品所提供的特定信息；在艺术作品中，深层表现为作品的意蕴。在整个知识世界中，具有深层独创性的作品居于少数，并非任何作品都具备深层独创性。深层独创性难以作为作品可著作权性的要件，但是从"举轻以明重"的当然解释角度上，❶如果其具有深层独创性，则能够得到著作权的保护。

三、不能成为著作权对象的作品

在我国著作权法上，将官方文件、时事新闻等列为不受著作权法保护的作品。

首先是官方文件。法律、法规，国家机关的决议、决定、命令和其他具有立法、行政、司法性质的文件及其官方正式译文，上述这些都是符号组合，都具有一定的精神功能，因而都是著作权法意义上的作品。但官方文件之所以不能成为著作权的对象，其主要原因在于：鼓励社会公众尽可能地予以复制、传播官方文件，使其最大限度地发挥效用。也就是说，著作权法不希望官方文件的发布机关成为著作权主体。同样一份文件，如果是官方发布的，不具有著作权；如果是非官方的，则可能具有著作权。除了复制、传播以外，还包括翻译等。只是官方译文没有著作权，非官方译文具有著作权。

其次是时事新闻。所谓"时事新闻"，按照《著作权法实施条例》第5条的解释，是指"通过报纸、期刊、广播电台、电视台等媒体报道的单纯事实消息"。所谓的单纯事实消息，一般理解为仅由五个 W 新闻要素（when, who, where, what,

---

❶ 杨仁寿：《法学方法论》，中国政法大学出版社1999年版，第231页。

why）组成的简单事实报道。比如，"美国肯尼迪总统于1963年在德克萨斯州遇刺身亡"这则消息就不是作品。时事新闻不被认为是著作权法上的作品，理由有三个：第一，时事新闻的表达方式是有限的，甚至是唯一的；第二，为了促进信息流通的需要；第三，过于简单、微小，自然不构成作品。

再次为历法、通用数表、通用表格和公式。历法、通用数表、通用表格和公式等都是符号组合，都是知识，但是否为著作权法上的作品，需要予以具体分析。一部完整的历法自然属于作品，但基于公共利益方面的考量，不能赋予其著作权。至于通用数表、通用表格和公式等，过于微小、琐碎，缺少系统性，往往不能独立地发挥一定的精神功能，本身不是作品，自然都不具有著作权。

最后是处于公有领域的作品。处于公有领域的作品具有一定的独创性，只不过已经超出了著作权法的保护期限，因而社会公众可以自由使用。当然，这里的自由使用往往限于复制、出版、改编等利用方式，对于作品的署名和完整性不能予以变动。传统著作权法认为，著作财产权已经不复存在，但是著作人格权依然存在，这一点不符合民事权利的基本原理。下文在著作权内容部分予以详尽论述。

第三节　著作权内容

从内容上看，著作权包括两种性质的权能：一是著作使用权能，包括发表权、复制权、发行权、改编权等；二是各种作者专属辅助权，包括署名权、完整权、收回权等。前者体现为对作品的直接利用，后者的主要作用在于保障作者有效地行使著作使用权。根据与公共利益之间的关系，著作辅助权可以再区分为公益辅助权和私益辅助权两种：其中，署名权和完整权具有公益性，构成公益辅助权。其他如收回权、接触权等权利不具有公益性，是一种私益辅助权。❶此外，著作权人可以为他人设定各种著作使用权，如所有权人为他人设定抵押权或用益物权一样，这种著作使用权在设定以后就具有相对的独立性。

一、著作使用权能

在著作权中，复制权、发行权等并非独立的著作财产权，而是著作权的权能。在这一点上，我们也可以同物权相比较，物权在整体上属于一种财产权，但我们通常并不将占有、使用、收益、处分等物权权能视为某种物质财产权。同样，著作权是一种财产权，但没有所谓的著作财产权，这是一个伪概念。作者创作了一部作品，只享有一个著作权，而不同时享有复制权、发行权、表演权、改编权等多个著作财产权，它们只是同一著作权的不同内容（权能）而已。因此，著作财产权思维模式的根本谬误就在于混淆了权能和权利，把著作权的众多具体权能当做是一项项独立的财产权利，在此基础上建构出与

---

❶ 专属权指专属特定主体享有或行使的权利，包括专属享有权和专属行使权。前者不得让与、继承，但可以由他人代为行使，如终身养老金权；后者不仅专属享有，而且他人不得代为行使，比如人格权和身份权。龙卫球：《民法总论》，中国法制出版社2002年版，第131页。另外，史尚宽先生认为，专属权不能让与或继承。包括亲属权、夫权等。财产权一般为非专属权，但是委任及雇佣所生之权利义务，多为专属者。史尚宽：《民法总论》，中国政法大学出版社2000年版，第21页。

之相对应的著作人格权制度。❶

著作使用权能也就是人们通常所谓的财产权，或者说著作使用权，是著作权人对作品的各种利用权，构成各国著作权制度中最重要的内容，也是其中最具有共识的部分。主要包括以下几种权能：

其一为复制发行权能，这是最早出现的，也是最基本的著作利用权，这种权利的产生是基于出版技术的发展以及图书市场的形成。

其二为改编权能，通过改变作品的形态或表现手法，形成一种新作品。包括翻译、拍摄电影、注释等。另外，根据本书确立的观点，表演是一种创作行为，表演行为的结果产生一种新的动态作品。因此，相对于原著而言，表演作品是一种在原作基础上形成的演绎作品，表演权能实际上就是一种改编权能。

其三是公开传播权能，主要是通过一定的方式让公众能够了解或者获得作品，如展览权、广播权、信息网络传播权等。

其四是发表权能，即将作品公之于众的权能。通说将发表权认定为一种著作人格权，实际上，在摆脱著作财产权思维模

---

❶ 目前，我国学界关于著作人格权方面的论述绝大多数都没有超过著作财产权思维模式，比如尹西明："反思与重构：著作人身权制度探讨——以法律本体秩序为视野"，载《河南省政法管理干部学院学报》2007年第1期；柳励和："论著作人身权的功能"，载《学术论坛》2009年第2期；李莉："论作者精神权利的双重性"，载《中国法学》2006年第3期；李明发、宋世俊："著作人身权转让质疑"，载《安徽大学学报（哲学社会科学版）》2003年第5期；何炼红、阳东辉："著作人身权合理使用制度研究"，载《法学评论》2004年第1期。总体来说，上述各种观点都没有脱离人格论的框架，其中的区别就在于如何在民法人格权理论的统一性以及现实生活需要之间进行适当的取舍，并以此来塑造著作人格权制度的特殊性。

式后，我们可以发现，发表就是将作品公之于众，也是一种比较典型的作品利用方式，同复制、发行、改编等行为并无不同。作品是否发表与隐私权也没有必然的关系，如果作品内容涉及个人隐私，则可能侵害隐私权；反之，则不侵害隐私权。同复制、发行等权能一样，发表权也是一种著作使用权能。当前，发表权主要是大陆法系国家著作权法承认并予以保护的一种著作人格权，《伯尔尼公约》至今未列入保护"发表权"的条款。在英美法系国家著作权法中，很多不承认"发表权"，主要原因在于发表行为往往跟复制、发行、表演、改编等行为融合在一起，因而不需要设置独立的发表权。作为一种著作使用权，发表权既可以行使一次，也可以反复行使，比如对自己的作品再版；既可以自己行使，也可以授权他人去行使，还可以转让和继承。在作者死后，其未公开作品的发表由继承人或者作品手稿的持有人决定。比如，《意大利著作权法》第24条规定："遗作的发表权属于作者的法定继承人或遗嘱继承人，但作者生前明确禁止发表或委托他人发表的除外。"《法国著作权法》则将此权利先授予作者指定的遗嘱执行人行使。如无遗嘱执行人，则由其继承人或遗赠人行使。我国《著作权法实施条例》第22条规定："作者生前未发表的作品，如果作者未明确表示不发表，作者死亡后50年内，其发表权可由继承人或者受遗赠人行使，没有继承人又无人受遗赠的，由作品原件的合法所有人行使。"因此，各国关于发表权的规定体现了其著作使用权的特征。

总之，这些复制、发行、传播、改编、发表行为均为作品的利用方式，这些利用方式在受到法律规制后，成为著作权的重要权能。这些利用方式的最终效果，或者说最终目的都是促进信息的流通或者使人获得审美享受，都在于实现作品的精神功能。

二、公益辅助权能

公益辅助权能主要包括署名权和完整权，这两种权能不仅有助于保护作者的私益，而且也有助于保护文化发展利益，从而具有公益性质。

（一）署名权

就署名权而言，在作品没有发表之前，作品处于作者的私力支配范围内，作者实际"占有"作品，作者是否署名、署什么名，并没有法律意义。作品发表后，对于作者来说，署名具有多种功能，包括有助于版税的征收、作品的管理、作者声誉的维持以及促进对作品的理解等。❶ 有的学者认为，署名权在著作权权能体系中的地位相当于物权中的占有权能。❷ 或者是认为，"除去作品上作者的署名与将动产从所有人手中掠走并无不同"。❸ 这种类比其实是不准确的，有可能导致误解。在符号世界中，作品本身有形无体，任何人都不可能占有作品。从私益角度上看，署名的意义在于推定作品的归属，是作者行使其他著作权利的基础。但对于作者以外的其他著作权人而言，署名并非其行使著作权的必要条件。

此外，署名还直接具有公益性质，关系到文化发展利益。

---

❶ Lionel Bently and Brad Sherman, *Intellectual Property Law*, Oxford University Press, First Published 2001, p. 236.

❷ 杨延超：《作品精神权利论》，法律出版社 2007 年版，第 3 页。

❸ 李雨峰："精神权利研究——以署名权和保护作品完整权为主轴"，载《现代法学》2003 年第 4 期。

一方面，作品是人格主观要素的反映，作品中蕴含着作者本人的情感、气质、品格和识度等方面的人格要素。因此，只有了解作者及作者所处的时代背景，才能更好地理解作品，反之，也只有理解了作品，才能更好地了解作者及其所处的时代。❶另一方面，只有保障作者和作品之间的这种关系，才能理清文化发展过程中各种思想观点和艺术形象、情节演变的历程，才能对思想观点和文化艺术的发展脉络有着全面的把握。因此，署名权的设置一方面是为了保护作者的私益，另一方面也是为了保护社会文化发展利益的需要。

（二）完整权

完整权能就其实质而言，是一种保持作品原状权。即保护作品不受改动的权能，相当于物权中的消极权能。在著作权法上，保持作品原状权的主要功能在于保护作品不受他人改动，要求作品使用者在传播或利用他人作品时应当遵循一定的不作为义务，即不得擅自改动他人的作品，而不管这种改动效果的好坏，以及是否损害作者的声誉。从私益角度上看，保持作品原状是作者行使著作使用权的重要前提，直接影响作品复制、发行等著作使用权能的行使。

从公益角度上看，如果他人以任何方式改动原作品，就涉及文化知识的准确传播问题，直接影响读者以及我们的后代能不能够完整地获得相关的知识资源和信息。这种情况下，保持作品原状权之保护就不仅关系到作者的私益，而且关系到文化发展利益了。当然，保持作品原状权的对象仅仅限于原作品，

---

❶ 薛其林：《民国时期学术研究方法论》，湖南人民出版社2002年版，第219页。说明不了解其人，就难以了解其文。反之亦然。

他人在演绎作品中曲改原作品中的内容，致使作者的社会评价降低，这种情况仅仅为侵犯了作者的人格权。而在原作品遭到曲解而损害了作者声誉的情况下，就产生侵犯作者人格权和著作权的聚合。

三、私益辅助权能

私益性辅助权能主要包括接触权和收回权。主要功能在于保障作者充分地实施其著作使用权，不涉及整个社会的文化传播发展利益。其作用仅仅在于实现作者利益的最大化，这一点恰恰与署名权、完整权相反，因而是一种纯粹的私益性辅助权。

（一）接触权

对于接触权，存在着两种不同的观点，一种观点认为，"接触权"（access right）在网络和技术保护措施出现以前一直指代的是公众接触政府信息的权利（public access to government information），是一项基本人权。随着技术保护措施成为网络时代著作权法不可或缺的组成部分，"接触权"变成了著作权人利用技术措施控制利用人接触作品的权利，[1]实际上是一种财产性权利。

另一种观点认为，接触权是少数国家著作权法所规定的一类较特殊的权利，其基本功能就是为了保证作者或其他著作权人能够自由行使作品原件或复制物已属他人所有时的著作权。《德国著作权法》第 25 条规定了著作人的接触权："如果为制

---

[1] 熊琦："论'接触权'——著作财产权类型化的不足与克服"，载《法律科学》2008 年第 5 期。

作复制物或改变著作，并且不损害占有人的合法利益，著作权人可向占有其著作原件或复制物的占有人要求让他接触该原件或复制物。"但是，"占有人无义务将原件或复制物送交著作权人"。《西班牙著作权法》第14条第7款规定："当作品为另一人所占有，为了行使发表权或其他适用的权利，作者有接触作品孤本或善本的权利。"本书采用此观点。接触权具有以下两个特征：

第一，接触权是一种辅助性权能，其目的是为了行使某些使用权能，但是其本身并不含有财产权利的内容。比如，《德国著作权法》第25条规定了接触权的行使目的是为制作复制物或改编著作，因而与作者的人格之间没有直接的、必然的关系，主要还是出于作者使用作品便利方面的考量。这就是说，接触权的目的主要是为作者或其他著作权人有效地利用作品提供保障，帮助作者或其他著作权人行使复制、发行等著作使用权能，辅助权的性质特别明显。

第二，接触权所针对的作品往往只是少数美术作品，接触权制度的立法目的是平衡著作权人和美术作品原件所有权人之间的利益关系。比如，我国《著作权法》第18条规定："美术等作品原件所有权的转移，不视为作品著作权的转移，但美术作品原件的展览权由原件所有人享有。"在这种情况下，为了保障美术作品著作权人的各种复制、发行等权利，这就有必要设置接触权。

在保障作者接触权的同时，也应当保护所有权人的利益，这种保障主要体现在两个方面：一是拒绝作者提出移动作品的要求，或者拒绝将原件或复制物送交作者；二是作者不当行使接触权给所有权人造成损害，所有权人有权向作者请求赔偿所受到的损失。比如,《西班牙著作权法》第 14 条规定:"上述权利不承认作者移动作品的要求,在接触作品时,只要稍微引起所有人不便,就应保持原址原样,在移动使所有人遭受损失时,应给予赔偿。"

(二) 收回权

收回权有时被称为追悔权。收回权发生的情形通常有两种:一种是作者观点发生改变。《法国著作权法》第 142 条明确规定,基于人格上的重大理由,可以收回作品,收回权具有人格性,所以不可移转。所谓人格上的重大理由,就是指作品不符合作者的智力或精神信念,作者观点发生改变;另一种是著作权使用许可合同中被许可方的行为造成作者利益损失的情形。比如,《德国著作权法》第 41 条规定,独占许可使用权人如果不行使或不充分行使权利并因此而严重损害作者合法权益的,作者可以行使收回权。

收回权通常被认为是一种著作人格权,不过,《俄罗斯著作权法》将其视为发表权的一种,《德国著作权法》第 41、42 条也没有明确地把它界定为著作人格权,从法条的行文上看更像是赋予作者的合同解除权。在著作权法上,从其与著作使用权的关系上看,收回权的主要意义在于使得作者能够有效地控制作品的流通,干预作品的复制、发行及传播活动,直接地服务于作者对作品的使用和处分权能,因而也是一种辅助性权能。

我国现行《著作权法》没有规定收回权,不过,我国文化部于 1984 年颁布的《图书、期刊著作权保护试行条例》授予作者"因观点改变或其他正当理由"情况下的收回权。但该条例的适用只处于试行阶段,试行一段时间后被废除,其适用范围也比较狭窄，仅适用于对图书、期刊的著作权保护。

　　从民事权利体系角度上看，收回权是一种形成权。鉴于在民法上，作者观点是否改变属于作者动机的范畴，而民法对动机一般是无法予以规制的，❶ 因此，收回权实际上是赋予了作者对于著作权许可使用合同中的解除权。这就是说，收回权的对象是著作财产权的出版商继续传播作品的权利，针对的对象只能是出版商，而不包括其他不特定的作品传播者和使用者。对于其他已经购买作品复制品的人来说，则可以继续进行使用、处分。

　　在作者行使了收回权以后，其与出版商之间的出版发行合同就得到解除，出版商不能依据原合同继续出版、发行所涉作品。不过，作者应当根据合同或法律之规定，给予出版商以补偿，补偿的范围既需要考虑合同之约定，也需要考虑给出版商带来的实际损失。另外，《伯尔尼公约》在附件第 2 条第 8 款规定："在作者停止其作品的全部复制品的发行时，则不得根据本条发给任何许可证。"《世界著作权公约》也在第 5 条之 4 第 2 款第丁项规定："在作者已停止该版的全部作品复制品的发行时，不得发给任何许可证。"这就是说，只要作者行使收回权，则任何发展中国家均不得再依据公约的优惠条款颁发翻译该作品的强制许可证。

---

❶　[德] 梅迪库斯：《民法总论》，邵建东译，法律出版社 2001 年版，第 2 页。

第二章 标准著作权基本理论

标准的著作权这一问题包含两个关键词，一为标准，一为著作权。前文中已经对著作权作出了基础性的介绍，本章则将著作权基本理论应用于标准，为国内外标准著作权问题的阐述奠定基础。

第一节 标准概念

标准这一概念广为人知，诸如衡量事物的法则、榜样、规范等。本书所说的标准则是与工商业生产及标准化相关的一系列准则。但是对其作出科学恰当的定义仍有困难。在标准学的研究过程中，比较具有代表性的标准的定义有如下几种。盖拉德1934年将标准定义为："对计量单位或基准、物体、动作、程序、方式、常用方法、能力、职能、办法、设置、状态、义务、权限、责任、行为、态度、概念和构思的某些特性给出定义，作出规定和详细说明。它是为了在某一时期内运用，而用语言、文件、图样等方式或模型、样本及其他表现方法所作出的统一规定。"❶ 这是对标准最早的明确的定义，在标准化史上有里程碑式的地位，但是随着社会的发展，该定义已经逐渐不恰当，也逐渐不被学界主流采纳。桑德斯1972年将标准定

---

❶ 洪生伟：《标准化工程》，中国标准出版社2008年版，第27页。

义为："经公认的权威机构批准的一个个标准化工作成果，它可以采用以下形式：（1）文件形式，内容是记述一系列必须达成的要求；（2）规定基本单位或物理常数，如安培、米、绝对零度等。"❶ 该定义改进之处在于增加了权威机构的批准，该定义流传较广、具有较大影响。随着标准化组织的国际化，尤其是国际标准化组织（ISO）对标准的界定，对标准的概念逐渐以其为主导。ISO 标准化原理研究常设委员会（STACO）在其与 IEC 联合发布的《标准化与相关活动的基本术语及其定义》中认为："标准是由一个公认的机构制定和批准的文件。它对活动或活动的结果规定了规则、导则或特性值，供共同和反复使用，以实现在预定领域内最佳秩序的效益。"❷故该表述为国际最为通用的对标准的界定。

我国在标准的界定方面以此为参照，但是将其精炼为："为了在一定范围内获得最佳秩序，经协商一致制定并由公认机构批准，共同使用的和重复使用的一种规范性文件。"❸ 我国对标准的界定与国际通行的标准的界定本质是相同的，都包含标准所具备的核心特性：共同使用和重复使用、获得最佳秩序和效益、协商一致、公认机构制定和批准等。

从不同的角度，可以对标准有不同的分类。诸如可以将标准分为产品标准、工艺标准、数据标准等；基础标准、技术标准、管理标准等。但是目前最为流行的分类是将标准区分为国际标准、区域标准、国家标准、行业标准、地方标准和企业标

---

❶❷ 洪生伟：《标准化工程》，中国标准出版社 2008 年版，第 28 页。

❸ GB/T20000.1 – 2002《标准化工作指南第 1 部分：标准化和相关活动的通用词汇》

准。从对标准的著作权研究来看，这种依据制定和批准标准的权威机构的不同来进行的区分更具备规则上的意义。不同主体会因其是否具备强制力，是否具备影响力，而对其制定和批准的标准产生不同的影响，从而对其之上的著作权产生影响。故本书也依照此种分类来探讨标准的著作权问题，依据标准制定主体的不同而区分了国外标准和国内标准。国外标准又进一步区分为国际标准、外国国家标准、外国学会标准和外国企业标准；我国标准则进一步区分为国家标准、行业标准、地方标准和企业标准。在具体分析不同主体制定的标准及其著作权问题之前，本章先对其共同性的部分进行探讨——标准本身的作品属性及其上的著作权相关问题。

第二节 标准的作品属性

不同主体制定的标准是否具有著作权，采纳何种著作权政策的法律基础在于标准本身是否是著作权法意义上的作品，标准本身是否应当获得著作权法的保护。所以在排除制定主体这一因素的情况下，探讨标准是否符合作品的要件，是否是著作权法意义上的作品则成为标准著作权问题探讨的起点。

当我们论及标准时，往往是各个具体标准的抽象。例如，GB/T 19000-2008/ISO 9000：2005《质量管理体系 基础和术语》这一标准，包含了前言、引言、范围、质量管理体系基础、术语和定义、附录、参考文献、中文索引、英文索引这几个部分，每个部分又会逐层细分为若干部分。诸如引言可以细分为总则、质量管理原则等。质量管理原则又细分为以顾客为关注焦点、领导作用、全员参与、过程方法、管理的系统方法、持续改进、基于事实的决策方法、与供方互利关系等。相应的对以顾客为关注焦点、领导作用、全员参与等原则会有一定的解释。这一系列标准是否具备作品的属性，是否构成著作权法意义上的作品，则需要将其适用于著作权法及其著作权法研究中对作品的界定。

如前文所述，学理上，作品是一种具有精神功能的知识，是一个由符号元素和要素构成的有机系统。在著作权法实施细则中将其界定为"文学、艺术和科学领域内具有独创性并能以某种有形形式复制的智力成果"。形形色色的标准是否属于作品则需要以此作为参照。由于实施细则中"有形形式复制""智力成果"等限定虽然不错，但并不精准，基于立法的偶然性等因素的考量，所以本书对标准作品属性的探讨以学理上的界定为主。

标准的知识性。标准并非是人脑中的思想意识，而是外在于人脑的符号组合；同时标准是有形的、可复制的，可以在工商业活动中反复实现。标准也是人智力创造的产物，并非自然界中存在的事物。所以，标准完全符合知识的属性，是一种知识。

标准的精神功能。标准本身具有实用功能，能够适用于工商业活动，并使其获得最佳秩序和效益。同时，标准也具有精神功能。人们从标准中可以获取信息，满足精神上的需要。标准的撰写也有优劣之别，自主研发还是采用国际标准、标准名称的确定、相关技术要素的选择、相关概念术语的界定甚至助动词的选择上都存在着很大选择和取舍的余地。❶ 不同的编写

---

❶ 白殿一等：《标准的撰写》，中国标准出版社2009年版，16页。

方式所产生的结果、产生的精神效果也不尽相同。

标准是一个由符号元素和要素构成的有机系统，一般包含了名称、范围、规范性引用文件、术语和定义、要求、规范性附录等要素，每一个要素又由各种条款构成，而条款内容根据需要有其不同的表述形式，主要包括条文、图、表、注、脚注和示例。这些符号元素和要素的有机组合构成了能够实现最佳秩序的标准。

从作品的内容和功能来看，可以分为艺术作品、科学作品、事实作品三种：其中，艺术作品通过各种艺术语言塑造艺术形象反映生活，是形象思维的产物，其作用在于给人以艺术的享受和感染。举凡各种诗歌、绘画、雕塑、戏剧、小说、散文、电影等均属于艺术作品。科学作品通过各种论点、论据形成的论证逻辑表达特定思想观点，是抽象思维的产物，其作用在于给人以理性的启迪。事实作品则主要是通过一定的结构方式编排组合而成的提供实用信息的作品，如地图、通讯录、旅游指南等，主要作用在于给人们提供实用的信息指导。不管是哪一种类型的作品，都具有相应的精神功能。

标准并非文艺作品和科学作品。标准不能成为审美的对象，不具有审美功能，因而并非文艺作品。标准也不具有明确的思想观点和论证逻辑，因而也不可能是科学作品。标准提出了众多的科学信息，属于一种事实作品。标准具有独创性。独创性的本质在于足够的增量要素，对科学作品而言，深层次的增量要素是作品所提供的特定信息。标准所提供的信息以及提供信息的方式都是经过公认机构制定或批准的，用以获得最佳秩序的信息。所以，在一定程度上可以认为作为科学作品的标准具备了深层次的增量要素，也就具备了独创性的条件。

综上，标准是具有精神功能的知识，是一系列符号元素和要素组成的有机系统，具有独创性，属于事实作品。当然，标准是否具有著作权，这是另外一个层次上的问题。事实上，强制性标准本身就是一种技术法规，属于经济学上的公共产品，不能进行产权化界定。而推荐性标准是否具有著作权，则属于见仁见智的范畴，本书认为推荐性标准也是一种官方文件，不应当具有著作权。完全具有著作权的，可能仅仅是个人、企业或标准化组织等非公权力机关制定的标准。

第三节 标准著作权主体

著作权的主体即享有著作权的人，标准著作权的主体即享有标准著作权的人。这里的人既包括自然人，也包括法人以及非法人组织。基于著作权的取得方式可以区分为原始取得和继受取得；基于著作权主体是否为自然人，亦可区分为自然人和单位。对标准著作权归属的研究也可从其主体的区分入手。不同国家对标准著作权的主体有着不同的样态。诸如 ISO 享有 ISO 标准的著作权，而美国国家标准协会（ANSI）对其认可的美国标准却不享有著作权。

一、原始著作权主体和继受著作权主体

原始著作权主体指依照创作行为、法律规定、当事人约定直接获得作品著作权的人。其中，创作行为是个事实行为，没有行为能力的限制，任何人都能够通过创作行为获得著作权。在我国，依据法律规定直接获得著作权的人，主要是针对部分职务作品，所在单位能够直接获得著作权。依据当事人约定，

委托人能够直接获得委托作品的著作权。

　　对法国、德国等作者权体系国家而言，原始取得著作权的主体只能是自然人，即创作作品的自然人。对标准这一事实作品而言，所谓创作作品的自然人即起草标准的自然人，如起草标准的某专家学者。而标准的起草往往有特殊的规则，诸如ISO标准的起草需要基于全球专家的意见，需要各方达成共识等要求。这样的规则之下，原始取得标准著作权的主体将是该标准众多的起草者。标准也必然成为合作作品。该标准著作权的原始取得也必然是共有的情形。

　　对于英美等版权体系的国家而言，原始取得著作权的主体可以为法人，如在法人作品中著作权由法人原始取得，而非组成法人的自然人。由于标准的特殊性，标准的起草、审查、公布的行为往往都是法人等组织进行主持，在很大程度上体现法人的意志进行创作。将标准解读为法人作品，将导致标准的著作权归于组织起草该标准的法人，而非实际起草该标准的自然人。

　　继受著作权人指通过让与、继承、设定等方式从原始著作权人处获得著作权的人。其中，继受著作权人通过让与、继承等方式获得著作权。在著作权法上，为他人设定著作权不易为人们所理解。这是由于人们通常认为著作权包括著作财产权和著作人格权两种，其中，包括复制权、发行权、改编权等著作财产权可以转让，但署名权、完整权等不可以转让。本书认为，复制权、发行权等均为著作权的权能（详见本书第一章），作为一种权能本身不能转让，只能够为他人进行设定，如同所有权人为他人设定抵押权一样。在设定后，他人就获得了独立的著作权，但这种著作权往往是不完整的，如著作权人授予出版社的专有出版权。

一项标准的发布往往涉及各方利益、涉及多项主体，具有成本高、收益高、风险高等特点。所以，标准的著作权一般不宜属于自然人，而归属于法人或非法人组织的情形比较常见。即使对于作者权体系国家，原始取得该标准的自然人也往往通过合同将复制权、发行权等权能让与法人等组织；同时限制署名权、完整权、收回权等辅助权能。

对于英美等版权体系国家而言，著作权的继受也比较常见。对于标准著作权而言，标准往往由制定该标准的非政府组织取得著作权。但是，国家标准化组织往往是 ISO、欧洲标准化委员会（CEN）等国际或区域标准化组织的成员。作为国际或区域标准化组织的成员，必须遵守国际或区域标准化组织的著作权政策。而这些标准的著作权商业政策最常见的方式就是通过合同的约定取得该标准的著作权。例如，英国标准协会（BSI）是 ISO 的成员，ISO 享有 ISO 标准的著作权，BSI 则依据 ISO 著作权政策的规定在英国范围内享有复制、发行 ISO 标准的用益权。

我国并没有明确规定国家标准、行业标准和地方标准的著作权归属，也就不存在原始取得和继受取得的明确规定。对于我国这一系列标准的著作权问题将在本书第六章至第八章进行讨论。

二、个人主体和单位主体

在前资本主义社会，除了一些艺术表演以外，单个自然人是最主要的作者，作品也最适于反映自然人作者的个性。同时，由于经济科技发展水平的限制，除了少数情形之外，当时很少有单位（包括法人单位、非法人单位）投资、组织创作。到了资本主义社会之后，企业成为社会经济生活的主体，同自然人一样，企业通过投资行为组织创作作品。几乎所有类型的作品，都可以由企业组织、投资。除了企业以外，其他类型的单位，例如机关，也能够组织作品的创作。

承认单位为作者存在着认识上的障碍：单位本身是法律上拟制的主体，是由一个个自然人组成。单位本身没有手，不能写作，没有脑袋，不能思考，没有独立的人格。作品体现的人格，只能是自然人的人格，而不可能是单位的人格。从人格说的角度上看，无论何种类型的单位均不能成为作者，只能继受他人的著作权。否定单位成为作者，将会对作品的利用和移转产生巨大的交易成本。具体表现为：单位必须同参与创作的自然人一一签订著作权移转或许可使用的协议，而且作品的署名权和完整权不能移转，作品的任何一点修改需要获得自然人的特别授权等。

如果承认单位是作者的话，就必须突破人格说。作品是否体现人格，这一点在著作权法上并无意义。单位组织投资作品的创作行为，并对作品承担责任，自然可以拟制为作者，享有整个著作权，包括复制权、发行权等，也包括署名权、完整权等。在权利的行使和移转等方面不需要经过参与创作的单个自然人的同意，比较自由、便捷，有助于提高作品利用的效率。同时，单位在理论上可以无限期地存续。单位作品著作权存续期限也较自然人为短，往往自作品完成之日起若干年内，而不是自然人死亡后的若干年内。

单位著作权的产生方式有三种：第一种是单位承担责任的作品。比如，我国《著作权法》第16条规定，主要是利用法人或者其他组织的物质技术条件创作，并由法人或者其他组织承担责任的工程设计图、产品设计图、地图、计算机软件等职务作品。第二种是由单位直接投资所形成的作品。比如，某电影公司投资拍摄电影，电影著作权直接归属于制片者（投资商）。第三种是由单位组织的作品，比如，中央电视台组织一台晚会，晚会作为一部汇编作品，整体著作权属于中央电视台。在单位作品著作权的分配上，应当承认单位具有包括署名权在内的完整的著作权。我国现行《著作权法》第16条第2款规定，利用法人或其他组织的物质技术条件制作，并由法人或其他组织承担责任的工程设计图、产品设计图、地图、计算机软件等职务作品，或法律、行政法规规定或合同约定著作权由法人或者其他组织享有的职务作品，事实作者享有署名权，单位享有其他权利。

　　由于标准本身的特性，标准著作权的归属和利用都不宜由自然人控制和享有，对一项标准著作权的利用以及相关著作权政策的制定往往都由一个单位完成。由于在法国、德国等作者权体系国家并不承认单位具备作者资格，所以单位享有的著作权只能通过继受取得，英美等版权体系国家可以依据法人作品的概念而由法人（单位）原始取得标准的著作权。在著作权的归属方面，我国著作权法的构造更加接近英美的规定，承认了法人作品。如前所述，单位承担责任、单位直接投资、单位组织的作品都可以是单位著作权产生的方式。故我国也有学者依据法人作品的界定，将我国国家标准、行业标准和地方标准皆作为法人作品。这样国家标准主要由国家标准化管理委员会（以下简称国标委）组织制定、审核和发布，国标委则成为该标准的著作权人。相应的，行业标准和地方标准也各自归各个发布单位享有著作权。❶ 本书将在第六章到第八章相应部分对此做出探讨。

第四节 标准著作权的内容

本书将著作权的内容区分为著作使用权能和著作辅助权能。依据我国《著作权法》的规定，前者包括发表权、复制权、发行权、出租权、展览权、表演权、放映权、广播权、信息网络传播权、摄制权、改编权、翻译权以及汇编权等，后者包括署名权、完整权和修改权等。著作权权能的多少也跟作品的形式有关，并非任何作品都完全具备以上权能。对于标准这一事实作品而言，所涉及的著作权的内容主要为署名权、完整权这两项公益辅助权能和复制权、发行权、翻译权、信息网络传播权这四项著作使用权能。

值得说明的是，对标准的利用可以笼统地分为两种。第一种是对标准内容的使用，例如，通过提升产品或服务质量和企业管理等措施使本企业的产品或服务达到某项标准，并通过相应组织的认证。这种对标准的使用方式属于标准著作权中"思想"的利用，不受到著作权法的保护。第二种是对标准文本等作品的利用，诸如在公司内部会议中复印发放某项标准文本、将某类标准汇编成册、将某一标准翻译成其他语言形式等方式。这种利用形式属于对标准著作权"表达"的利用，属于标准著作权的保护范围。

---

❶ 凌深根："关于技术标准的著作权及其相关政策的探讨"，载《中国出版》2007年第7期。

一、署名权能

署名权的各种具体运用的总和，构成署名权的内容。明确署名权的内容，可以更清晰地认识署名权，以有利于署名权的保护。署名权应当具备以下内容。

（一）署名或不署名的决定权

署名权是作者对公开其作者身份与作品关系的权利，所以作者可以选择公开其作者身份或不公开其作者身份。决定公开其身份，可以署其本名或其他为公众所知的名字；决定不公开其身份，可以署假名或不署名。不署名又叫匿名，匿名并不是作者放弃署名权或没有署名权，匿名也是行使署名权的一种方式，或者说是作者对署名权的一种处分行为。

（二）署名方式决定权

此即署其本名、笔名、别名或假名的选择决定权。署名方式的选择往往反映作者公开或隐瞒其作者身份及相应程度的选择。署其本名或笔名，则是将其作者身份公之于众；署其他为人较少知道或不知道的名字，则往往是部分隐瞒或完全隐瞒自己的作者身份。

（三）署名排列方式决定权

此主要指在数人作品中，作者姓名如何排列，由作者协商决定。作者排名顺序的不同，往往对作者的影响也很大。就一般情况而言，排名靠前的作者往往能得到人们较高的评价。如有的单位在评定职称时，对合作作品，只承认排在首位的作者可以作为其著作成果来参评职称。

（四）署名指示权

如果作品署名发表，其他人在以后以出版、广播或改编等各种形式公开利用时，应当说明其署名。也有人称该项权利为姓名指示权，并强调在公开利用时须指明作者的姓名。笔者认为此说不妥。因为作者姓名也是个很复杂的问题。一个人的姓名（广义上的）可能很多，用于某一作品署名的往往仅其中一个，使用作品时指出作者的其他姓名可能恰恰违背作者的本意。因此，从署名权的本质出发，在公开利用其作品时，如事先未经作者特别同意，就只能准确指出在其作品上所署的姓名。

作为公益辅助权的署名权在标准的著作权方面受到很大程度的限制。署名权属于作者权体系的产物，一般只能归自然人享有。我国国家标准、行业标准、地方标准中往往存在着起草单位、提出单位等项，严格地说这些并非属于署名权的行使。我国标准中起草人一项的内容接近著作权法上的署名权。署名权属于公益辅助权，归属于自然人作者，不可剥夺、不能放弃。但我国仍有大量的标准并没有说明起草人。所以将我国标准中起草人这栏的书写认为是署名权的行使，严格地说并不准确。

作者权体系内的标准著作权政策的核心代表为欧洲标准化委员会（CEN）、欧洲电工标准化委员会（CENELEC）等标准化组织。例如，在《CEN标准著作权保护指南》中声明包括署名权在内的著作权仍然归起草该标准的自然人，转让给CEN的只是著作权使用权，CEN并不妨碍标准原起草人以自身为目的对著作权的使用。❶

一般而言，署名权的行使应当符合社会惯例和社会习惯，

---

❶ 参见《CEN标准著作权保护指南》，转引自国家标准化管理委员会、中国标准化研究院编：《国内外标准著作权保护政策文件选编》，中国质检出版社、中国标准出版社2012年版，第341~342页。

诸如创作人员众多则不宜在作品封面上全部署名。❶ 标准著作权的署名权就存在类似情况。影响力越大的标准，对市场需要的满足就越充分，参与起草的自然人就越多，共识的达成就越需要更多的合意。尤其对于 ISO 等国际标准化组织而言，其标准的起草、审核和通过过程中，往往参与起草的专家、公司众多。所以，其署名权受到极大的限制，以致难以行使❷——ISO 标准文本中不会也不可能明确列举众多起草该标准的起草人以保障其署名权。

二、完整权能

完整权能就是保护作品不受改动的权能，其主要功能在于保护作品不受他人改动，要求作品使用者在传播或利用他人作品时应当遵循一定的不作为义务，即不得擅自改动他人的作品，而不管这种改动效果的好坏，以及是否损害作者的声誉。完整权属于公益辅助权，公益是其重要特征，并往往伴随着文化发展、知识产权等问题。

完整权也是作者权体系下著作权的产物，英美的版权体系中并不承认完整权这一公益辅助权。由于在作者权体系下，著作权只能属创作作品的自然人，所以完整权只能属于创作作品的自然人，并且不能转让、不能放弃。但其在实际运行过程中往往受到诸多限制，尤其是作者将著作权许可或转让给他人之后，其将受到更为严格的限制以符合诚实信用的原则，否则利害关系人的利益将得不到保障。诸如我国《著作权法实施条

---

❶ 李琛：《知识产权法关键词》，法律出版社2006年版，第116页。
❷ 行使署名权的唯一方式就是通过不署名的方式来行使。

例》中有着这样的规定,"著作权人许可他人将其作品摄制成电影作品和以类似摄制电影的方法创作的作品的,视为已同意对其作品进行必要的改动"。

将标准视为作品,那么创作该作品的自然人就是该标准包括标准草案的起草者。与署名权一样,完整权也属于起草标准的自然人。同样,与署名权近似,标准著作权中完整权的行使需要符合诚实信用的原则,要符合社会习惯和惯例。故对于标准这一作品形式而言,完整权行使也受到很大程度的限制,以致不能行使。标准这一作品的创作具有强烈的实用目的,一项标准的完成有时需要反复修改。所以,为了保证标准的顺利完成,标准的起草者一般都需要限制其完整权的行使。如果不限制完整权的行使,那么标准草案的修改将面临重重困难。这种限制一般通过起草者和组织者之间的合同实现。这一点完整权的限制和署名权的限制有相似之处。

一般而言,在标准的制定过程中,作为事实作者的标准草案的原始起草人会与标准化组织签订合同进行约定,约定的内容主要有二:一是著作权使用权的许可或转让;二是著作辅助权的限制。署名权和完整权,就在限制之列。同样接触权和收回权也具有类似性质。由于我国著作权法并没有明确规定接触权和收回权,所以本书不再对接触权和收回权进行论述。

三、复制权能

复制权的核心在于通过各种手段形成作品原件的一件或多件复制件。作为著作使用权中的核心权能,其往往随着复制技术的发展而不断地丰富其内容。在信息社会,复制技术已经成为公众所普遍掌握的技术,复制的成本极低。如何控制作品的传播已经成为权利人的一项难题。现代信息技术已经深刻影响了著作权法律制度，除了催生了我国著作权法所规定的信息网络传播权，还深刻影响了著作权中的复制权能。

对标准的著作权而言，复制权能同样成为标准著作权的核心内容，大量标准化组织的著作权商业政策就是围绕着对其标准文本的复制展开的。虽然不同的标准化组织有着或严或宽的著作权政策，但一般都以复制权能为核心构建其著作权政策。随着复制技术的发展，标准化组织也会针对不同形式的复制品构建差异化的著作权政策。

作为标准著作权的核心权能，一般标准化组织都会通过合同与标准草案的原始起草人进行约定以原始取得或继受取得包括复制权能在内的著作使用权。各个标准化组织也会相应地制定关于复制标准文本的相关商业政策。由于外国绝大多数的标准化组织属于非政府组织，其运营所需要的必要费用很大程度上通过其标准的著作权政策的运营实现。虽然标准在我们的生活中无处不在，但依据著作权法的基本原理——"思想表达二分法"，标准著作权的保护范围限于对标准中"表达"的复制、发行等利用行使，而不包括标准的认证或实施。所以，控制以复制权能为核心的标准著作使用权在成为标准著作权政策的核心之外，也就成为标准化组织收回成本的核心政策。

标准化组织在制定以复制权能为核心的标准著作权政策的时候主要需要平衡两点：一是标准的广泛传播和应用，这是标准化组织成立的初衷；一是标准著作权的收益，以此来增加标准化组织的收入，保证标准化组织的正常运行和标准的顺利制定。后者增加了前者的成本，同时标准起草的过程中也必然伴随着标准草案的复制和修改，也会涉及标准著作权的复制权能。标准化组织必须在这二者之间取得平衡。这种平衡的体现就在于标准化组织往往在保护标准著作权的同时给予包括复制权能在内的一系列优惠。诸如一些标准化组织并不限制公司在购买该标准后,在内部的复制和使用。

四、发行权能

发行权能的核心在于以转移载体所有权的形式实现作品的传播,广义的发行权还可以包括出租这一利用作品载体所有权的形式。发行权的行使可以表现为出售,也可以表现为赠与。

对标准化组织而言,标准的发行权能至关重要。由于标准不存在出租权能的情况,所以标准著作权中的发行权能以转移标准载体所有权(出售)为核心。出售标准文本或标准出版物是标准化组织传统而又重要的收入来源。标准化组织借由控制标准的发行权能来最终实现其标准著作权政策。以最具影响力的国际标准化组织(ISO)为例,其制定了"禁止免费获得"原则,即欲获得 ISO 标准文本的复制件则必须向其或其在该国的成员支付费用。例如,我国的 ISO 成员为国标委,支付的费用将在国标委和 ISO 之间进行分成——诸如一次销售 1~10 份,国标委可以获得三成收益,而由 ISO 获得七成收益。当然,在实际操作中一般通过国标委授权中国标准出版社(现更名为中国质检出版社,下同)出版实现。

与复制权一样,标准化组织所享有的发行权能也借由其与标准(草案)的原始起草者的合同约定实现。通过合同约定,或原始取得或继受取得标准的著作使用权能。即使是该标准的原始起草者仍然无权发行该标准出版物。

同样,为了鼓励标准的传播和适用,增大本标准化组织的影响力，标准化组织的著作权政策中也会有一系列的优惠条款。以国际电工委员会（IEC）为例，其认为教育机构对 IEC 标准的推广有帮助作用，所以教育机构获得 IEC 标准复制件的价格为原价的一半。

通过复制权能和发行权能的控制，标准化组织得以控制其标准的出版发行，并以此作为最传统最常见的方式实现其著作权商业政策。大多数标准化组织本身并不设立出版机构，相关的出版印刷工作往往外包给长期业务往来的出版社等出版机构完成。例如，德国国家标准化组织德国标准化学会（DIN）所制定的德国国家标准的出版发行则是通过 Beuth 出版社完成。而依据我国相关法规规定，我国国家标准则由中国标准出版社等出版单位出版发行。

五、翻译权能

翻译权能的核心内容在于将已有作品以其他种类的语言文字进行解释展现，是一种典型的演绎创作。翻译作品是对原作品的演绎，演绎的结果是形成了新的作品。在理论上每一种语言文字都存在着形成翻译作品的可能，但实际上翻译权能这一著作使用权往往针对受众量比较大的语言。

在对标准这一作品的演绎形式中，翻译占有最为重要的地位。各个标准化组织都较为重视在其著作权政策中规定翻译的相关商业政策，从而实现对标准翻译的控制。对标准翻译权能的控制主要有两个理由。

一为标准的普及和适用。人们语言的差异往往是导致包括标准在内的众多作品传播的一大障碍，所以为了促进标准的普及和适用，标准化组织往往制定一系列的优惠政策鼓励人们将标准翻译成本国语言。诸如 ISO 成员可以将 ISO 出版物翻译成本民族语言的版本，但是 ISO 成员所翻译的 ISO 标准等出版物所生成的译文的著作权需要在 ISO 和 ISO 其他成员之间共享。

二为标准翻译质量的保证。由于语言的差异，对一作品的翻译所需要的创造性不亚于重新创作一部作品。对标准的任意翻译可能导致标准文本的译文参差不齐，可能会导致标准译文的不精准，从而有害于标准化。所以，众多标准化组织都会控制对标准文本的翻译，以确保标准译文的质量。诸如德国标准化学会（DIN）享有 DIN 标准的翻译权，通过授权具备相应翻译资质和能力的组织或自然人翻译 DIN 标准——对 DIN 标准的全文翻译或者包括段落序号、图表的部分翻译都需要经过 DIN 书面许可。

六、信息网络传播权能

信息网络传播权能是我国著作权法所规定的一项公开传播权能，其通过信息网络（交互式传播）的途径让公众了解或获得作品。这也是我国著作权法为了应对信息化社会，按照 TRIPS 协议的内容所增加的一项著作使用权能。

标准同样可以有信息网络传播权能的利用空间。现代社会，标准文本的利用除了纸质版本等传统的出版发行之外，电子版本的销售、互联网上的销售传播也成为标准传播的重要途径。众多的标准化组织都与时俱进地制定信息网络传播权能等相关著作权商业政策。由于电子版本状态下的标准文本易于复制传播造成侵权而损害标准化组织的利益，故标准化组织往往同时辅以相应的技术措施和权利信息保障标准著作权政策的贯彻实施。例如，国际电工委员会（IEC）对其著作权的电子形式以及其在信息网络中的传播利用控制非常严格，IEC 提供的 IEC 出版物的电子版本附加了技术措施不能被第三方修改。有的标准化组织更是将相关的权利规定得全面、充分。如美国材料试验协会（ASTM）宣称打印、上传、下载、复制、传播 ATSM 的知识产权都需要经过 ASTM 事先许可。

同时，信息网络传播也是标准推广和适用的重要途径。所以众多的标准化组织也会或多或少地利用互联网提供相关信息。一般各国的标准化组织都会在其官方网站上明显位置提供一系列免费信息，诸如其知识产权政策、相关背景介绍、联系方式等。以国际标准化组织（ISO）为例，ISO 政策、新闻稿等公众信息和技术委员会工作计划、年报、会议安排、会议纪要、会议通知和议程等行政文件可以由公众通过网络免费获得。

各个标准化组织一般都会严格禁止通过网络免费获得其标准文本的正文，否则其其他形式的著作权商业政策将形同具文。也有例外，欧洲电信标准学会（ETSI）的著作权政策就较为宽松，其标准对于公众的非营利性获取就是免费的，也不需要经过 ETSI 的许可，自 1998 年 9 月开始，公众可以从 ETSI 的官方网站搜索、阅览、下载、使用 ETSI 制定的各种标准及其研发中的标准草案。当然，这并不意味着 ETSI 放弃其标准的信息网络传播权能。如果是营利性的下载、阅览、使用其标准，ETSI 仍保留了追究其侵权责任的权利。

第五节　标准著作权的保护范围

知识产权制度保障权利主体的利益，但并不保障其对知识利用所享有的一切利益，只是保障知识特定功能之实现所带来的利益，并将这种利益归属于特定的权利主体。其中，著作权制度保障知识的精神功能得以实现并将其利益归属于著作权人，专利制度保障知识的实用技术功能得以实现并将其利益归属于专利权人，商标制度保障知识的实用销售功能得以实现并将相关利益归属于商标权人。知识产权制度对知识功能的保障主要是通过法律对知识利用方式进行规制而实现的。比如，在著作权法上，设置了复制、发行、改编、表演、翻译、展览、汇编等多种知识利用方式，将这些符号利用方式转化为著作权的具体权能，这些具体权能最终服从服务于作品精神功能的实现。❶ 一旦他人未经权利人的许可，运用了上述符号利用方式，涉及作品的精神功能，即为侵犯著作权。当然，在确立了著作权的具体权能以后，对作品精神功能的保护就转化为对具体权能的保护。

作品既然是一种具有精神功能的知识，因此，当某种知识没有发挥精神功能的时候，严格来说，它就不再是作品，从而不属于著作权法规制的范围。这样，对于著作权而言，作品的精神功能限制了著作权的保护范围，他人对作品（符号）的利用如果没有涉及作品的精神功能，就不在著作权的保护范围之内。比如，他人利用作品（技术方案）解决具体的技术问题，就不是利用作品的精神功能。根据设计图纸制造出具体的产品，也不属于精神功能的范畴，而是体现了图纸的实用技术功

---

❶ 授权他人使用作品或者将相关著作权转让给他人，从而获得利益，所体现的也不是作品本身的功能，而是行使著作权的结果。凡此种种，与作品之精神功能不是处于同一层次上，不具有可比性。

能。同样，根据《本草纲目》看好了病，根据城市交通图找到了正确的行车路线，这些均体现了符号的实用功能，而不是精神功能，自然都没有侵犯著作权。同样，他人复制、发行了专利技术方案，但是没有实施之，也就没有利用它的技术功能，仅仅涉及图纸的精神功能，侵犯了著作权，而不是专利权。因此，专利权和著作权的对象均是符号组合，但分别保障不同的符号功能得以实现，这也是二者之间的根本区别之所在。说到底，著作权仅仅保障作品的精神功能得以实现，并将相关利益归属于著作权人，并不保障作品所可能具有的实用（技术）功能。❶

对应于标准而言，标准获得著作权保护的部分是标准自身的表达形式，而不是标准所传达的信息本身。借用符号学的术语，标准著作权保护的是标准这一符号组合的能指和所指的结合，仅仅是符号组合的所指部分不受著作权的保护。形象地说，如果他人未经许可复印、改编标准文本则侵犯了标准之上的著作权。但是如果这个人未经许可，利用标准自己生产产品，这是利用了标准的实用技术功能，那么则与标准的著作权无关，并不侵犯标准的著作权。

延伸思考：擅自制作题录是否侵犯他人标准著作权？

以下是一项标准的题录示例：

---

❶ 如果我们将知识产权对象的功能界定为知识产权客体，知识产权对象和客体就是两种不同的事物。各种知识产权的对象都是符号组合，它们之间的本质区别并不在于对象的差异，而是其保障实现的功能不一样，也就是客体不一致。关于知识产权对象和客体的区别，还可以参见刘春田主编：《知识产权法》，高等教育出版社、北京大学出版社2005年版，第6页；刘春田主编：《知识产权法》，中国人民大学出版社2009年版，第9页。

表 2-1 标准题录示例

题录项目	题录内容			
标准号	GB/T 1.1-2009			
标准类型	CN｜国家标准		标准组织	GB｜国家标准
中文名称	标准化工作导则 第1部分：标准的结构和编写			
英文名称	Directives for standardization—Part 1：Structure and drafting of standards			
发布日期	2009-06-17		实施日期	2010-01-01
标准状态	现行			
代替标准	GB/T 1.1-2000；GB/T 1.2-2002			
引用标准	IEC 指南 106；IEC 60027（所有部分）；ISO 7000；GB/T 20063（所有部分）；GB/T 20002（所有部分）；GB/T 20001（所有部分）；GB/T 20000（所有部分）；GB/T 17451；GB/T 16679；GB/T 16499；GB/T 16273（所有部分）；GB/T 15835；GB/T 15834；GB/T 14691；GB/T 14559；GB/T 13394；GB/T 7714；GB/T 6988（所有部分）；GB/T 5465.2；GB/T 5094（所有部分）；GB/T 4728（所有部分）；GB 3102（所有部分）；GB 3101；GB 3100；GB/T 321			
采用标准	ISO/IEC Directives—Part 2：2004，NEQ			
中标分类	A00		ICS 分类	01.120
标引依据	国家标准批准发布公告 2009 年第 7 号（总第 147 号）			
中文关键字	标准化；工作导则；标准；结构；编写；标准化工作			
范围	GB/T 1 的本部分规定了标准的结构、起草表述规则和编排格式，并给出了有关表述样式。 本部分适用于国家标准、行业标准和地方标准以及国家标准化指导性技术文件的编写，其他标准的编写可参照使用			
起草单位	中国标准化研究院；中国电子技术标准化研究所；中国标准出版社；机械科学研究总院；冶金工业信息标准研究院；建设部标准定额司；总装备部电子信息基础部标准化研究中心			
起草单位区码	110100；110100；110000；110108；110101；110000；110100			
归口单位	全国标准化原理与方法标准化技术委员会			
归口单位区码	110000			

如果原标准具有著作权的话，上述对标准的名称、发布时间、发布主体等进行制作所形成的题录，并不涉及对标准进行复制、改编、发行等权能，没有侵犯标准的著作权。

第六节　标准著作权的取得

著作权适用自动取得原则，即作品完成之日起就获得著作权的保护。基于标准的作品属性，自其完成之日起，标准即享有著作权。此处的"完成"应作广义的理解，即部分完成也算完成。所以标准的著作权可以延伸至标准起草的每个阶段。所以，标准自始享有著作权是标准著作权的常态。

并非所有的作品都是受著作权保护的，典型代表有官方文件、时事新闻、历法、通用数表、通用表格、公式和处于公有领域的作品。这些不受著作权法保护的作品形式中，与标准相关的只有官方文件和进入公有领域的作品。所以，标准虽然具备作品属性，但是其受著作权保护与否，还要考察其与官方文件及进入公有领域作品的关系。

著作权法对学理上官方文件的规定在《著作权法》第5条第1项。所谓官方文件，即"法律、法规，国家机关的决议、决定、命令和其他具有立法、行政、司法性质的文件，及其官方正式译文"。同时规定，这些形式的官方文件不受著作权法的保护。

所以，如果标准具备官方文件的性质，那么标准就不受著作权法的保护。根据我国对官方文件的界定，只要是标准本身成为法律、法规，国家机关的决议、决定、命令和其他具有立法、行政、司法性质的文件，及其官方正式译文中的全部或者一部分，标准就不受著作权法的保护。

不过，成为官方文件的标准丧失著作权，这成为标准著作权的一个例外。大量标准的制定组织尤其是国外标准化机构并非政府组织，而是具备私有性质的非政府组织，其构成中不乏大企业代表。标准著作权的许可和转让往往成为维持作为非政府组织的标准化组织运作的主要收入之一。同时标准化组织尤其是国外标准化组织所制定的标准并不具备法律的强制力。所以，标准，尤其是国外标准，不可能具备官方文件的性质。而我国标准化组织则具有官方性质。《中华人民共和国标准化法》（以下简称《标准化法》）第6条中规定"国家标准由国务院标准化行政主管部门制定"；"行业标准由国务院有关行政主管部门制定"；"地方标准由省、自治区、直辖市标准化行政主管部门制定"。作为行政主管部门的政府组织所制定的标准是否属于官方文件则处于广泛争议之中。就目前我国的司法实践来看，具备技术法规性质的强制性标准被认定为官方文件从而丧失著作权的保护；而不具备技术法规性质的推荐性标准则不被认定为官方文件，从而可以得到著作权法的保护。本书认为，推荐性标准同样属于官方文件，从法理上讲，也不应当具有著作权，这在下文中有详细论述。

第七节　标准著作权的丧失

著作权都具有保护期限，超出法定期限后，作品即丧失著作权。自然人作者的著作权保护期为作者终生及其死亡后50年，截止作者死亡后第50年的12月31日；如果是合作作品，截止最后死亡的作者死亡后第50年的12月31日。法人或者其他组织的作品著作权保护期为50年，截止作品首次发表后第50年的12月31日，但作品自创作完成后50年内未发表的，著作权法不再保护。

标准著作权的有效期限也因为标准作者的不同而不同。如果标准作者是自然人，著作权的保护期限一般为作者终身加死后50年。如果标准是合作作品，著作权的保护期限为最后死亡的作者死后50年。如果著作权主体是单位，那么自标准发表之日起50年内，具有著作权。超过50年的，则丧失著作权。过了保护期的作品将进入公有领域，公众可以自由利用。过了这个期限的标准将丧失著作权。由于大量的标准制定时间离目前仍然时间较短，基本不存在进入公有领域的问题。不过，从长远来看，保护期届满会逐步成为标准丧失著作权的一个重要因素。

另外，标准著作权还存在一个消除问题。我们知道，官方通过的法律没有著作权，但作为法律草案，是否具有著作权，这就需要进行具体分析。如果法律草案本身是由立法机关或政府机关提出，自然无著作权。如果法律草案由官方单位委托私人起草，应当也无著作权。但如果该法律草案由私人起草，作为一个建议稿，这种情况下，就产生著作权，著作权归私人所有。问题是：一旦私人起草的法律草案为官方所用，成为正式的官方文件，这种情况下，就产生一个草案著作权的消除问题。这个问题在技术标准上也同样存在，很多国际标准也具有著作权，但这些技术标准一旦为我国法律直接采纳，转化为国家标准。根据我国著作权法的规定，该国际标准在我国境内的著作权应自动消除。

第八节 标准著作权的转让

标准著作权转让是指著作权人将著作权中的全部或部分财产权有偿或无偿地移交给他人所有的法律行为。这种转让通常可以通过买卖、互易、赠与或遗赠等方式完成。移交著作权的著作权人称为转让人,接受著作权的他人称为受让人。

与许可他人使用标准不同,转让标准著作权的法律后果是转让人丧失所转让的权利;受让人取得所转让的权利,从而成为新的著作权人。转让著作权俗称"卖断"或"卖绝"著作权。在允许转让著作权的国家,只有著作权中的财产权可以转让,著作权中的人格权是不能转让的。在有些国家,著作权转让必须通过书面合同或其他法律形式,并由著作权人或他的代理人签字,才算有效。在有些国家,著作权转让必须履行登记手续,才能对抗第三人。

标准著作权转让必然是权能完整的财产权的转让,也就是说,无论转让标准出版权,还是转让改编权,都必须将使用、收益、处分的权能一并转让。如果受让人只能使用标准,而不能自由许可他人使用标准,或不能自由转让其权利,这种权能不完整的转让实际上不是严格意义上的标准著作权转让,而是标准许可使用。

著作权转让也可以是分地域的。例如,转让人将美国和加拿大地区的著作权转让给美国一家出版社,将亚洲地区的著作权转让给印度一家出版社,将欧洲地区的著作权转让给英国一家出版社;等等。这种按区域转让也会带来一系列问题:比如,在上述情形中,如果欧洲地区的标准出口到亚洲地区或北美，就可能侵犯北美出版社享有的著作权。

从不同国家的情况来看，标准著作权转让可以是永久的，即整个著作权保护期的；也可以是有期限的，即著作权保护期内若干年的。有期限转让与专有许可使用是有区别的，在专有许可使用的框架范围内，被许可人不能进行处分，即不能转让给第三方。除此之外，有期限转让的法律效力和专有许可使用是基本一致的。在转让期限届满之后，有期限转让的标准著作权消失，标准著作权人依然具有完整的标准著作权。

标准著作权的转让不需要进行登记，与商标权和专利权不同，著作权的转让，相关法律没有强制要求进行登记后才生效，同时《中华人民共和国著作权法实施条例》（以下简称《著作权法实施条例》）第25条规定，与著作权人订立专有许可使用合同、转让合同的，可以向著作权行政管理部门备案。也就是说，也可以不进行备案。

由于标准著作权的转让不需要进行登记，这就带来不少问题。比如，重复转让问题，即著作权人将标准著作权多次转让给他人。在这种情况下，到底谁能够获得标准著作权？目前尚没有明确的规定。从理论上讲，著作权应当给予最早订立转让合同的受让人，但这对于后面的受让人来说是不公平的。著作权转让无须登记，后面的受让人无从得知，如果否定后面受让人的著作权，无疑不利于交易安全。

在理论上，可以采取登记对抗主义的做法。也就是说，著作权转让未经登记的，受让人能够取得标准著作权，但这种标准著作权不能对抗善意第三人，包括在后的善意受让人或被许可人。如此一来的话，后面的受让人也能够取得标准著作权，同样，在前的受让人也具有标准著作权，实际上形成了一种著作权准共有的状态。在共有人之间，彼此不具有排他性效力，但对于其他人则具有排他性效力。这种准共有的链条可能不断地拉长，不时有新的善意受让人加入其中。直到某一次转让进行了著作权登记，在登记后出现的新受让人才不能获得标准著作权，不能加入到标准著作权准共有的行列中。当然，上述仅仅是一种学理分析。

第九节　标准著作权的许可使用

著作权许可使用是著作权人授权他人以一定的方式，在一定的时期和一定的地域范围内商业性使用其作品并收取报酬的行为。著作权许可使用是一种重要的法律行为，通过著作权许可使用可以在许可人和被许可人之间产生一定的权利义务关系。著作权人利用许可使用合同可以将著作财产权中的一项或多项内容许可他人使用，同时向被许可人收取一定数额的著作权许可使用费。著作权许可使用合同也被称为著作权许可证贸易，是最常见的著作权贸易。

第一，著作权许可使用并不改变著作权的归属。通过著作权许可使用合同，被许可人所获得的仅仅是在一定期间、在约定的范围内、以一定的方式对作品的使用权，著作权仍然全部属于著作权人，不会导致任何权利缺陷。

第二，被许可人的权利受制于合同的约定。被许可人不能擅自行使超出约定的权利，同时也只能以约定的方式在约定的地域和期限内行使著作权。同时被许可人还不能擅自将自己享有的权利许可他人使用，也不能禁止著作权人将同样的权利以完全相同的方式，在相同的地域和期限内许可他人使用，除非被许可人享有的是专有许可权并附有从属许可的权利。

第三，被许可人对第三人侵犯自己权益的行为一般不能以自己的名义向侵权者提起诉讼，因为被许可人并不是著作权的主体，除非著作权人许可的是专有使用权。

因著作权许可使用而设立的合同叫许可使用合同，它也是一种民事合同，故同样应该遵循《民法通则》和《合同法》的规定。另外，《著作权法》还对许可使用合同的主要条款及其他相关内容作了一些特殊规定，现归纳如下。

一、合同形式

关于合同的形式，《著作权法》未作特殊要求，因此，当事人既可以采用书面形式，也可以采用口头形式或者其他形式。不过，《著作权法实施条例》第23条作了一些限制："……许可使用的权利是专有使用权的，应当采取书面形式，但是报社、期刊社刊登作品除外。"

二、权利内容

权利的内容解决许可使用的权利种类和效力性质问题。这是许可使用合同中最关键的一部分条款。

其中权利的种类一般是根据《著作权法》第10条第1款对各项权利的定义来确定的，但是，当事人之间出于更进一步精确化的需要（或者由于对著作权法的了解有限），也可以采用双方具有共识并且符合行业惯例的方式来界定权利的名称和内容。

至于效力性质是指许可协议赋予被许可人针对他人使用行为的排除力，即使用权的专有性质。《著作权法》第24条第2

款第 2 项区分为专有使用权和非专有使用权。专有使用权意味着被许可人一方获得授权，其他任何人不得为同样的使用，著作权人（即许可人）也不例外。而非专有使用权则相反，被许可人不得排除他人的使用。这意味着著作权人还可以以相同的方式使用作品，他也可以许可第三人使用。

通说认为，经许可获得非专有使用权的人不得再将其权利转让或者许可给他人，至于获得专有使用权的人能否再许可或者转让其权利，存在不同的见解。《著作权法实施条例》第 24 条规定："……除合同另有约定外，被许可人许可第三人行使同一权利，必须取得著作权人的许可。"

三、时间、地域范围

时间、地域范围是进一步定义被许可的使用权效力范围的重要因素。法律对此没有特别的限制，通常由当事人根据需要自由约定。

著作权许可使用的期间一般以 5～10 年较为常见，永久性的许可使用比较少见。在后一种情况下，被许可方获得的使用权在著作权剩余保护期内一直有效，如果使用权是专有的，则和权利转让的效果区别不大。

许可使用的地域范围和作品的使用方式有密切的联系，一般是以一个国家为界限，但是，对一些权利，又往往可以作更小的划分，例如，表演权可以限制在一个小县城的范围，播放权可以限制在一定的城市。但是，应该注意，避免通过该条款形成对市场的分割，造成对自由竞争的危害。例如，国内图书出版合同一般不得以省份为界限（中国台湾、香港和澳门地区除外）分别许可不同的出版社出版同一作品。

四、使用费

使用费是著作权人最主要的收益，合同中应该对其标准和支付方式加以明确规定。当然，在少数情况下著作权人可能更看重的是非经济的利益，因而会放弃使用费，甚至对被许可方提供经费上的补贴，如为发表学术论文而支付版面费。

使用费的标准由当事人根据市场行情约定，可以参考国家版权局会同有关部门制定的付酬标准支付；当事人约定不明确的，执行上述机关制定的标准。

如今，常见的使用费标准是稿酬制和版税制。其中稿酬制在我国始于20世纪50年代，它是由政府文化部门为作品使用制定的统一付酬标准。稿酬制具有一定的计划经济色彩。稿酬一般分为基本稿酬和印数稿酬。书刊基本稿酬的计算公式是：每千字稿酬额×全文千字数。印数稿酬一般按千册计算，每千册约付基本稿酬的0.8%。稿酬一般在作品交付出版时便付清，它与出版的图书定价无关，也不受作品实际销量的影响。

至于版税制是指著作权人与作品使用者按照一定比例分享作品销售所得的一种计酬方式。版税是著作权人应获得的收入。在著作权人要求的情况下，版税也可以在交付作品时支付，但它往往仅是部分预支。版税的最终数额取决于作品的实际出售结果。出版文字作品的版税称出版版税，它的计算公式是：出版版税＝出版物定价（或零售价）×出版物销售量（或印刷量）×一定的百分比（版税率）。音乐、戏剧作品演出版税称上演版税，其计算公式是：上演版税＝票房收入×一定的百分比（版税率）。其中版税率由著作权人和作品使用者协商确定。它取决于作品的性质、版次、畅销程度以及作者的知名度等多种因素。从目前的国际惯例来看，出版版税率一般是 5%～20%。显然，相对于稿酬制而言，版税制更符合市场经济的要求，能更好地协调出版社与作者之间的利益。

五、其他

完整的著作权许可使用合同还包括许多具体的内容，例如，作品名称、主体身份、违约责任、侵权责任担保以及对他人侵权行为的追究等。如同转让合同一样，当事人应当在充分协商的基础上，就有关事项达成尽可能详尽、公平的条款。

六、合同的解释

同转让著作权的情形一样，在著作权许可业务中著作权人也往往是弱小的一方，故法律也对他作了倾斜性保护。例如《著作权法》第 26 条规定，合同中未明确许可的权利，未经著作权人同意，另一方当事人不得行使。这表明被许可人若要以合同中未明确提到的方式使用作品，需要著作权人的重新确认。例如，以电子出版物的形式使用作者的作品。由于此种方式在目前对绝大多数作者而言仍然是不曾预料到的，故非经作者许可即为侵权。又如，未经作者另外授权，获得图书出版权的国内出版社不能在海外出版繁体字版本。

当然，上述原则也不能绝对化，因为有时合同中常常省略一些当事人觉得理所当然的内容。这时一旦双方事后发生争议，应结合缔约时的实际情况并参考行业惯例对合同作出客观公正的解释。

标准著作权中的各种财产权可以分别进行转让。例如，将标准出版权转让给出版社，将翻译权转让给其他人等。即使是单独一种财产权，也可以根据不同的使用方式分别转让给不同的人。例如，转让人将翻译权中的法文版翻译权转让给甲出版社，将英文版翻译权转让给乙出版社，将德文版翻译权转让给丙出版社等。

第十节　标准著作权的合理使用

一、标准著作权合理使用的一般理论

标准著作权的合理使用指依法以恰当的方式使用他人享有著作权的标准，不必征得著作权人的许可，也不需要向其支付报酬。关于合理使用，可以从以下几个方面进行理解。

第一，合理使用的对象是他人享有著作权的整部标准，不包括标准中的一些要素，如各种技术参数。对于作品中的这些要素，本身就可以自由使用，不需要法律作出特别的规定。综合各国著作权法对合理使用的具体规定来看，主要是针对整部作品，作品的其他不能自由使用的要素一般不作为合理使用的对象。

第二，合理使用的方式一般指的是复制、发行、改编、表演等，其中又以复制发行为主要方式。而复制、发行、改编、表演等合理使用方式的对象也都是整部标准。

第三，合理使用的性质在于免除使用人的侵权责任，而不是一种权利，或是对著作权的限制。关于合理使用的性质，主要有三种不同的观点："使用者权利说"认为合理使用是使用者依法享有利用他人著作权作品的一项权利，但在权利主体的特定化、权利是否可以转让、继承等方面存在很多问题，往往

与民事权利的基本原理不相符合。"权利限制说"认为合理使用是著作权的一种限制。这种观点有所不妥，著作权是一种支配性权利，合理使用应当体现为著作权人行使著作权的限制，但实际上并非如此。著作权依然存在，但著作权人只是不能要求他人承担侵权责任。"侵权阻却说"认为合理使用是著作权侵害的违法阻却事由，这个观点比较切合合理使用制度的本质。也就是说，所谓合理使用行为本来是一种侵犯著作权行为，但法律基于特别的考量，或是为了公共利益，或是为了特殊群体利益的保护，不认为是侵权行为。其实，合理使用行为就是免责行为。

第四，是否构成合理使用，既是一个事实判断，也是一个价值衡量。所谓事实判断，就是考虑是否符合合理使用的某一种情形，比如，为在课堂教学需要复制作品时，就要考量主体是否为教学科研人员。所谓价值衡量，就是说，在事实判断的基础上，也要考虑具体的情节、对著作权人的影响等各个方面的因素。比如，有无盈利、盈利多寡、复制发行的数量等。有时候，即使符合了法定情形，也有可能侵犯了著作权。这也从一个侧面说明了合理使用仅仅是一种免责情形，而非使用者的权利，也不是对著作权的限制。在后两者情况下，能否成为合理使用尚且具有价值判断的因素，显然，这种权利状况不稳定的情形对于使用者或著作权人都是不堪忍受的。

值得注意的是：是否营利不是衡量合理使用行为的绝对标准。很多情形下，即使是基于营利目的，仍然属于合理使用范畴，比如，将他人享有著作权的标准制作盲文出版。

第五，我国《著作权法》第22条规定，在合理使用作品时，可以不经著作权人许可，不向其支付报酬，但应当指明作者姓名、作品名称。如果使用者没有注明作者姓名，造成混淆的，即构成剽窃，仍然有可能侵犯著作权。

二、标准著作权合理使用的具体情形

（一）个人使用

我国《著作权法》第 22 条第 1 款规定："为个人学习、研究或者欣赏，使用他人已经发表的作品。"本条文的规定存在三个方面的问题：

第一，将个人合理使用的目的限制在"学习、研究或者欣赏"上，排除了为企业的商业目的而进行的复制行为。

第二，标准作品的使用方式很多，何种个人使用方式才算是合理使用，应当予以明确。这里的个人使用方式通常体现在以下几种情形中，即复制、改编他人的标准。

第三，个人使用的标准须已经发表，未发表的标准作品不能构成合理使用。

（二）适当引用

引用，即是为了介绍、评论某一作品或者说明某一问题，在自己的作品中适当引用他人的标准。适当引用包括两种方式：一种是原文引用。引用的部分同原文一模一样。另一种是非原文引用。只是引用了原文中包含的信息，但没有采用原文的符号组合方式。在适当引用的时候，往往需要标明被引用标准部分的来源。但是由于作品的性质、体裁不适于标明作品来源的，或者是来源非常明确不至于造成误会的情况下，也可以不标明来源。比如，对于科普作品而言，往往不需要以参引方式标明标准参数的来源。

（三）在课堂教学和科研中使用

为学校课堂教学或者科学研究，翻译或者少量复制已经发表的标准，供教学或者科研人员使用，但不得出版发行。这种情况下的合理使用应当符合下列条件：

第一，主体仅仅是教学和科研人员，需要具有教学和科研人员的资格条件。

第二，其行为也限于以翻译和复制两种模式。比如，教师可以将外文标准予以少量复印，也可以将其翻译成中文，将翻译文本发给学生作参考。另外，现在网络比较发达，很多学校建有内部的网络，将中文标准译本放在内部网络上，供其他学生和教师参考。

第三，不得以营利为目的，凡是产生营利结果的，均不属于合理使用范畴。

（四）制作少数民族语言文字版本

将中国公民、法人或者其他组织已经发表的以汉语言文字创作的标准作品翻译成少数民族语言文字作品在国内出版发行，属于合理使用的情形。其要件包括：

第一，著作权主体须是中国公民、法人或其他组织，包括在华登记的中外合资企业、合作企业以及外商独资企业。如果将外国人的标准作品翻译成少数民族文字在我国境内出版，仍然需要取得授权。

第二，著作权对象须是汉语言文字标准作品。如果是其他种类的作品，或者说作品上虽有汉字，但主体并非汉字，比如画作上有汉字题词，这种作品就不能被制作成少数民族文字版本。

第三，合理使用的方式仅仅指翻译、出版发行，即将汉语言标准作品或汉字标准作品翻译为少数民族语言或文字，出版发行其译本。

第四，只能在国内出版发行，但是否包括台港澳地区，值得考量。但在国内出版后，可以将少数民族译本出口到国外去进行销售。

第五，此种合理使用的目的在于降低少数民族获得信息和受教育的成本，以促进少数民族地区经济社会的发展。

第六，是否以营利为目的，则并非考量因素。

从上述分析可以看出，对于"制作少数民族语言文字版本"这种合理使用方式，目前在制度设计上还存在一定的缺陷。比如，将中文标准译成俄文在国内出版，这种情形属于合理使用。但如果将俄文译本大量出口到国外，这在法律上尚没有有效的应对措施。因此，对于这种合理使用的情形，也需要在译本出版数量上进行一定的限制，同时，也需要规定不能用于出口。

（五）将已经发表的作品改成盲文出版

将已经发表的标准作品改成盲文出版，属于合理使用情形。另外，我国《信息网络传播权保护条例》第6条规定："通过信息网络提供他人作品，属于下列情形的，可以不经著作权人许可，不向其支付报酬。"其中第6款规定："不以营利为目的，以盲人能够感知的独特方式向盲人提供已经发表的文字作品。"显然，这种情形也属于合理使用。

上述两种合理使用情形的对象是各种文字作品，既包括中国公民、法人或其他组织的中文标准作品，也包括外国公民、法人的标准作品。至于是否以营利为目的，则并非考量因素。如果强制性地规定不得以营利为目的，很可能就减少盲文版本的供给，反而不利于增进盲人的福利，不能让盲人获得更多的机会阅读作品。

第十一节　标准专有出版权问题

一、专有出版权的一般理论

出版权，是指出版单位通过和作者订立合同，在预定的期限或地域内，获得出版作者作品的一种专有权利。专有出版权是图书的出版者依据图书出版合同享有的在一定期限内独占出版他人作品的权利。专有出版权受法律保护。专有出版权有以下几个特征：

第一，专有出版权只能来源于著作权人在出版合同中的明确授权。若著作权人未在合同中声明让予的是专有出版权，则图书出版者不得主张享有排他性的专有出版权。

第二，专有出版权的期限由出版合同约定。我国著作权法关于专有出版权期限的起算没有规定，这意味着可以由合同自行约定。

第三，专有出版权是著作权中的一部分权利，是复制权与发行权的组合权利，其初始归属于作为原始著作权人的作者，是一种可以依法处分，可以依法转移的民事经济权利。

专有出版权的内容包括以下几个方面：（1）著作权人在出版合同约定的专有出版权期限内，在合同约定的地区内，不能再行使出版权，即《著作权法》第10条第（5）~（6）项规定的复制和发行的权利。只在合同期满或者出版社严重违反合同义务时，出版权才重新回归著作权人。（2）出版社在享有专有出版权期间，只能自己出版，不得许可他人出版。著作权人还可以依法授予被许可方再授权，即由被许可方再许可第二人出版或专有出版相应作品的权利。（3）其他人不得以印刷方式复制发行该作品，侵犯享有专有出版权的出版社的利益。

专有出版权在以下情况下消灭：其一，合同约定的期限届满；其二，图书脱销后，图书出版者拒绝重印再版，著作权人提出终止合同；其三，出现了合同约定的专有出版权消灭的事项；其四，其他终止合同的事项。

二、标准专有出版权问题

从专有出版权的一般理论上看，这是一项纯粹的民事权利，是一项衍生性权利。出版者获得专有出版权并非原始取得，而是继受取得，由著作权人创设取得。但标准专有出版权的产生却非常奇怪，这是一种行政特权。

1997年8月8日颁布实施的《标准出版管理办法》第3条规定，标准必须由国务院出版行政部门批准的正式出版单位出版。国家标准由中国标准出版社出版；工程建设、药品、食品卫生、兽药和环境保护国家标准，由国务院工程建设、卫生、农业、环境保护等管理部门根据出版管理的有关规定确定相关的出版单位出版，也可委托中国标准出版社出版。行业标准由国务院有关行政主管部门根据出版管理的有关规定确定相关的出版单位出版，也可由中国标准出版社出版。地方标准由省、自治区、直辖市标准化行政主管部门根据出版管理的有关规定确定相关的出版单位出版。2005年8月31日，国家标准化管理委员会颁布的《标准网络出版发行管理规定（试行）》将国家标准的网络专有出版权授予中国标准出版社。

由此可知，标准专有出版权并非一种由著作权人设定的知识产权，而是由国家法律赋予的一种行政特权，是一种比较典型的行政垄断。为什么要授予少数出版社以出版垄断权，从代表国家质量监督检验检疫总局（以下简称"国家质检总局"）直属的中国标准出版社相关立场的言论中推导出如下三大理由：一是保证标准印制的准确性，印制中不能错误百出；二是保证标准的及时性和时效性，不能向用户提供已作废或未修订的过时信息；三是保证标准的权威性，印装不能质量差，字迹模糊，图表不清。❶ 上述理由难以服众，标准专有出版权不具有合理性。

首先，《标准出版管理办法》作为一项部门规章，其立法目的是为了加强标准出版活动的管理，保护知识产权。其实，关于国家标准中的强制性标准，本身没有著作权，既然没有著作权，也不会有一种专有出版权。所谓"皮之不存，毛将焉附"。标准专有出版权的规定违背了著作权法的基本法理。

其次，其他出版社不能保证出版质量纯粹属于一种主观臆测。《出版管理条例》第28条第2款规定的"出版物的规格、开本、版式、装帧、校对等必须符合国家标准和规范要求，保证出版物的质量"，以及第32条关于出版物印刷或者复制业务实行行政审核许可制的规定，已足以保障标准出版物的外在质量有法可依。同时，《图书质量保障体系》也规定了相当全面的各种质量保障机制。其他正式出版单位所出版的标准出版物若出现外在质量瑕疵，将承担上述行政法规和规章规定的行政

---

❶ 王清："标准出版若干法律问题探析"，载《出版科学》2008年第3期。

责任。❶

再次，仅仅因为标准数据准确及印刷质量等方面因素就通过制定部门规章的方式，允许少数出版单位享有标准专有出版权，这存在行政垄断的嫌疑。《反垄断法》第8条明确规定："行政机关和法律、法规授权的具有管理公共事务职能的组织不得滥用行政权力，排除、限制竞争。"第37条规定："行政机关不得滥用行政权力，制定含有排除、限制竞争内容的规定。"《标准出版管理办法》相关规定违反了上述法律，属于排除、限制竞争行为。在产生法律冲突的情况下，《标准出版管理办法》属于部门规章，其效力自然无法与《反垄断法》进行对抗。

最后，从法理上看，标准专有出版权的行政配置模式不能阻止其他出版单位或者机构、个人的标准"盗版"行为。在过去的10多年时间内，中国标准出版社在全国各地对涉嫌侵犯其专有出版权的出版社、大学、研究机构、数字图书馆、企业、个人等提起多起民事诉讼。其实，行政配置的标准专有出版权仅仅是一种行政特权，并非一般的民事权利，因而从法理上讲，无权通过民事诉讼途径维护自身的行政特权。在出现其他主体盗版现象时，只能由相应的行政机关进行行政处罚。

总之，现行的标准专有出版权是一种行政特权，并非著作权法意义上的专有出版权。《标准出版管理办法》和《标准网络出版发行管理规定（试行）》等行政规章均应作相应修订，删除关于标准专有出版权的内容，但同时增加保证标准出版质

---

❶ 王清："标准出版若干法律问题探析"，载《出版科学》2008年第3期。

量、及时性和时效性方面的技术性规定。❶

【延伸阅读1】2007年8月中旬，鉴于"盗版盗印标准非法活动屡禁不止"，以中国标准出版社、中国建筑工业出版社、中国农业出版社、中国建材工业出版社、中国计划出版社以及石油工业出版社等为代表的10余家享有国家标准和行业标准出版权的出版机构云集山西省大同市，共商打假维权新机制，决定组建标准出版机构自律维权联盟。其实，依据正文的分析，这种标准专有出版权并非一种知识产权，这些标准出版机构自律维权联盟所维护的并非知识产权，它们未经著作权人的授权，并不拥有知识产权，有的只是一种行政垄断特权。

【延伸阅读2】标准专有出版权行政配置的历程：

1996年10月10日，国家技术监督局和国家新闻出版署联合召开"关于标准的著作权保护问题研讨会"，会议明确了标准具有专有出版权，对标准的专有出版权应予保护，并形成会议纪要，确定将联合制定部门规章，规范标准出版行为。

1997年8月18日，国家技术监督局和国家新闻出版署正式颁布实施《标准出版管理办法》，标志着标准专有出版权第一次由立法予以确立。

1997年12月18日，原中国标准出版社向最高人民法院致函，作出《关于中国标准出版社诉某出版社标准专有出版权案的情况说明及请求》，国家技术监督局全文转送。最高人民法院高度重视，会同国家著作权局达成共识，以最高司法解释形

---

❶ 王清："标准出版若干法律问题探析"，载《出版科学》2008年第3期。

式通知北京高级法院：推荐性标准受著作权保护，标准出版机构享有标准专有出版权。

2001年8月15日，国家质检总局发出《关于重申国家标准、行业标准出版发行若干规定的通知》。

2004年7月22日，国家标准委发出《关于立即停止非授权网上或以光盘形式销售国家标准活动的紧急通知》。

2004年7月29日，国家质检总局发出《关于转发〈关于坚决禁止违法印刷活动和取缔非法出版物的通知〉的通知》。

2004年8月20日，国家质检总局、国家标准委作出《关于进一步加强标准著作权保护规范标准出版发行工作的意见》。

2005年8月31日，国家标准委作出《标准网络出版发行管理规定（试行）》。

2006年5月29日，国家标准委、国家认监委发出《关于进一步加强标准著作权保护规范标准出版发行工作的通知》。

2010年11月16日，国家标准委、国家认监委发出《关于进一步打击标准侵权盗版、加强标准著作权保护工作的通知》。

【案例解读】2005年5月12日，北京市第一中级人民法院审结了一起标准出版侵权案。到记者发稿时，被告北京市文泰彩艺科贸有限公司及承担连带责任的北京大学出版社和北京大学并未就一审法院的判决提出上诉，已超出规定的时限。原告中国标准出版社和北京奇雨晴信息咨询有限公司打赢了这起官司。此案堪称中国国家标准专有出版权保护第一案。

2001年，中国标准出版社和北京奇雨晴信息咨询有限公司以《道路交通标志和标线》等20项国家标准为内容，共同制作、出版发行了《中国国家标准图形符号与标志刻绘丝网专有图库》。2002年，北京大学出版社出版了北京市文泰彩艺科贸有限公司研制的《文泰刻绘2002版》光盘。该光盘盗用了中国标准出版社享有专有出版权的国家标准和《中国国家标准图形符号与标志刻绘丝网专有图库》的全部内容，并在全国范围内公开销售。

我国加入世界贸易组织以后，标准热急剧升温，享有除工程建设和环境保护等5类国家标准外所有国家标准专有出版权、同时可以出版这5类国家标准的中国标准出版社蒙受了巨大的经济损失。

据了解，盗版标准中印刷错误、将国家明令废止的标准误作现行有效标准出版等情况十分普遍，相对于经济损失，其社会危害更为严重。

北京市新世达律师事务所律师、本案委托代理人赵秀峰认为，国家标准的专有出版权属于《标准化法》《著作权法》和原国家技术监督局、原新闻出版署联合发布的《标准出版管理办法》等法律和规章调解的范畴。本案的胜诉，不仅为国家标准专有出版权保护提供了一个典型的案例，而且对推进国家标准专有出版权的立法、加大执法力度，提高出版者自觉维护国家标准专有出版权的意识，都具有重要的意义。

【延伸阅读3】发文单位：国家质量监督检验检疫总局、国家标准化管理委员会《关于进一步加强标准著作权保护规范标准出版发行工作的意见》。

为进一步加强对国家标准出版发行工作的管理，保护标准的著作权和专有出版权，规范标准出版发行工作，促进标准化事业健康发展，现提出如下意见，请认真执行。

一、各地方、各部门和有关单位要认真贯彻执行《中华人民共和国标准化法》和原国家质量技术监督局、原新闻出版署联合发布的《标准出版管理办法》，提高法律意识，有效保护标准著作权和专有出版权。

二、标准必须由标准化主管部门授权的正式出版单位出版，被授权的标准出版单位享有标准专有出版权。未经授权不得从事标准出版活动。未经许可，任何单位和个人不得将未经正式批准发布的标准草案用于商业目的出版、发行和使用。

三、建立统一开放、竞争有序的标准发行市场，鼓励具备出版物经营资质的发行单位从事标准发行工作。

四、标准全文网络服务工作由国家标准化管理委员会统一组织实施，国家质量监督检验检疫总局和国家标准化管理委员会将积极采取措施，建立健全标准网络服务体系。

五、企事业单位在生产经营活动中，应当使用正版标准；中介机构在从事检验、鉴定、认证、咨询和培训等活动中，应当使用正版标准；质量监督检验检疫系统在从事行政监督检查、执法办案、行政许可等公务活动中，应当使用正版标准。国家质量监督检验检疫总局、国家标准化管理委员会积极推进在其他领域公共管理活动中使用正版标准。

六、标准使用单位对保护标准著作权负有义务，发现标准侵权盗版等非法活动要主动向有关部门举报。

七、任何单位和个人不得从事或参与标准侵权、盗版活动；不得将标准全文刊登在公共网络和其他出版物上；不得违反本办法第五条的规定使用非正版标准。发行单位不得销售非法标准出版物。

八、标准出版和发行机构要加强市场服务意识，积极拓展标准发行业务。要加强自律，自觉遵守有关法律法规，维护标准著作权和专有出版权。对违反规定的，由其主管部门责令停业整顿，直至取消标准出版发行资格。

九、国家质量监督检验检疫总局和国家标准化管理委员会组织开展对《标准出版管理办法》及本意见贯彻执行情况的监督检查。

各地质量技术监督局要加强对标准出版发行工作的监督管理，对违反法律、法规、规章的标准侵权盗版行为，及时协同有关部门依法进行查处，同时追究有关领导人和直接责任人的行政责任。对构成犯罪的，移送司法机关追究刑事责任。重大案件要及时上报国家质量监督检验检疫总局和国家标准化管理委员会。

各地质量技术监督局、各单位要认真组织宣传贯彻本意见。对在执行中发现的问题，及时报告国家质量监督检验检疫总局和国家标准化管理委员会。

第三章 国际组织标准著作权政策

本章主要探讨各种国际标准化组织制定和认可而产生的国际标准的著作权问题。这类国际标准能够在全球范围内产生影响。故这些国际标准的著作权政策也同样在全球范围内产生影响。制定和认可国际标准的权威机构的典型代表为国际标准化组织（ISO）、国际电工委员会（IEC）和国际电信联盟（ITU）。这三个标准化组织的标准化工作相互协调配合，覆盖面广阔，故也被我国学者评价为可以"提供自愿性国际技术协议的完整体系"。❶ 除了 ISO、IEC 和 ITU 之外，制定国际标准的国际组织还有国际人造纤维标准化局（BISFA）、国际食品法典委员会（CAC）、国际照明委员会（CIE）等。由于这些标准化组织的影响力远不如三大国际标准化组织，故本章主要内容以介绍三大国际标准化组织的著作权政策为主。

第一节 ISO 标准及其著作权政策

国际标准化组织（International Standards Organization，简称 ISO），是制定和认可全球工商业领域内国际标准的权威机构，是由各国国家标准组织代表组成的非政府组织。1946 年，

---

❶ 张平、马晓："标准化组织的知识产权政策"，载《信息技术与标准化》2004 年第 3 期。

土木工程师学会（the Institute of Civil Engineers）的来自25个国家的65个代表在伦敦决定成立新的国际组织以促进工商业标准的国际协调和统一。1947年2月23日，ISO正式开始运行，总部设在日内瓦，其官方语言为英语、法语和俄语。❶ ISO这一缩写源自希腊语isos，意为"相等"（equal）。❷1947年最初成立时，ISO只有26个成员；截至2013年10月，ISO已是一个拥有161个国家参加的国际标准化组织，是目前世界上最大的自愿性国际标准的制定机构（developer）。❸ 我国在ISO的成员为中国国家标准化管理委员会（Standardization Administration of China，简称SAC）。

  ISO在制定标准的时候遵循着一定的流程和规则。一个ISO标准由相关技术委员会的专家组起草。该技术委员会由行业代表、政府、非政府组织及其他利害关系相关人组成。❹ 一旦对某个标准的需求确立，该技术委员会的专家组将开会讨论并提出一个标准草案。草案制定后将会被分发给ISO各成员讨论并投票。如果草案达成共识（2/3以上的成员赞同，且不超过1/4的成员反对），其将成为ISO标准；如果不能达成共识（赞成者未达到2/3或反对者超过1/4），该草案将返回该技术委员会进一步修改。标准在制定的过程中，遵循以下一些原则：标准的制定需要回应市场的需求；标准的制定需要基于全球专家的意见；标准的制定需要涉及多方利害关系相关人；标

---

 ❶❷ http://www.iso.org/，2014年3月3日访问。

 ❸ *Historical Record of ISO Membership since its Creation*，1947，Prepared by Diane Britton，2013-10-21.

 ❹ 截至2012年，ISO已经有269个技术委员会，http://www.iso.org/，2014年3月3日访问。

准的制定需要基于共识的达成。❶

标准可以被当成作品对待，所以标准之上可以设立著作权。ISO 的著作权政策就是基于其制定标准的著作权实施的。ISO 在其保护知识产权政策的文件中将 ISO 标准称为 ISO 的作品，并宣称基于该作品中创造性或智力上的努力而应当获得著作权的保护。由于 ISO 属于非政府组织，不可能得到政府组织的财政支持，所以著作权的收入成为 ISO 自身运作重要的资金支持。

ISO 的著作权政策从其形式上可以简要地归纳为以下三点：

首先是权利的公示。著作权是一种绝对权、支配权。著作权需要通过恰当的公示手段使得相关公众知晓并予以尊重和规避。ISO 通过在其各种文件中对著作权的声明以促进其对自身著作权的保护和利用。ISO 自 1951 年制定和出版第一项标准时就声明其著作权归其所有。这一点一直保持至今，不论任何 ISO 的著作权政策方面的文件，甚至是 ISO 所制定的标准载体上都有 ISO 著作权的权利管理信息。例如在《ISO 出版物发行和著作权保护政策》❷（简称 ISO POCOSA 2012）中将 ISO 制定的标准及其草案等 ISO 出版物视为其作品，宣称在作品之上

---

❶ http://www.iso.org/，2014 年 3 月 3 日访问。

❷ 也有人译为《ISO 关于分销 ISO 出版物、保护知识产权的政策》，依据我国著作权法的用语习惯，本书认为将 Policy for the Distribution of ISO Publications and the Protection of ISO's Copyright 翻译成《ISO 出版物发行和著作权保护政策》更为恰当。刘春青等："ISO 标准著作权保护新政策解析"，载《标准科学》2013 年第 5 期。

拥有著作权。❶ ISO POCOSA 2012 第 4 条更是强调了对 ISO 出版物等作品的著作权的保护，要求 ISO 成员和中央秘书处利用一切机会提醒其著作权的存在。而在著作权公示的格式方面，长期以来 ISO 也形成了统一固定的格式。❷

其次是著作权政策的规范化、系统化。从 1951 年开始，ISO 的著作权政策就处于不断发展完善的过程中。自 1993 年开始，ISO 和 IEC 联合制定了一系列关于标准著作权方面的规章制度——《ISO IEC 共同著作权、文本使用权和销售政策》。❸ 目前，ISO 著作权政策的主要规范性文件是《ISO 出版物发行和著作权保护政策》。

最后是成体系的著作权政策历经修订，保护标准不断提高。ISO 著作权政策的规范性文件也随着时代的发展而历经数次修订。例如，《ISO 知识产权保护政策》2007 年发布，该文本的通过和生效导致了 1996 年《ISO 知识产权保护指南和政策》和 1997 年《通过因特网发行 ISO 文件的建议》这两个规

---

❶ "Include ISO standards, drafts and their official translations, ISO derived products, and ISO Central Secretariat products, as defined in Annex 1, in which ISO asserts copyright." *Policy for the Distribution of ISO Publications and the Protection of ISO's Copyright* (ISO POCOSA 2012).

❷ ISO 根据标准形式的不同，规定了不同的权利公示格式。例如，依据 ISO POCOSA 2012 4.4 的规定，ISO 标准的每一页都必须以水印的方式以公示其权利；依据 ISO POCOSA Annex2 的规定，ISO 中央秘书处提供标准时必须标有规定格式的著作权声明，甚至在国家采纳和翻译 ISO 标准时也必须明确标注"ISO [year] - All rights reserved; [acronym of the ISO member having prepared the national adoption or the translation] [year] for the national adoption."; 或"ISO [year] - All rights reserved; [acronym of the ISO member having prepared the national adoption or the translation] [year] for the translation."

❸ 李祖明："标准与知识产权"，载《法学杂志》2004 年第 1 期。

范性文件失去效力；而《ISO 知识产权保护政策》也因为新政策的实施而失效。1993 年，ISO（与 IEC 联合）制定了第一个版本的 ISO POCOSA，名为《ISO IEC 共同著作权、文本使用权和销售政策》。1999 年，ISO 对其进行第一次修订，更名为《ISO 出版物著作权、著作权使用权和销售的政策和程序》，仍简称为 ISO POCOSA；2000 年，ISO 对 ISO POCOSA 进行了第二次修订；2005 年，ISO 对 ISO POCOSA 进行了第三次修订；2007 年，ISO 对其进行了第四次修订；2012 年 8 月，ISO 对其进行了第五次修订，形成最新版本的 ISO POCOSA 2012。❶ ISO POCOSA 2012 于 2013 年 1 月 1 日起生效，经过 18 个月的过渡期，即 2014 年 7 月 1 日起正式实施。自 2014 年 7 月始，之前作为主要规范性文件的《ISO 知识产权保护政策》和《ISO 关于 ISO 出版物的著作权、著作权使用权和销售的政策和程序》（ISO POCOSA 2005）将失去法律效力，二者被 ISO POCOSA 2012 所替代。ISO POCOSA 2012 也是 ISO 目前著作权保护标准最高的商业利用政策。这种保护标准的提高主要体现在以下几个方面：（1）对 ISO 出版物的著作权保护从文本扩展至文本的部分内容❷；（2）提出"禁止免费获得"原则❸；（3）对 ISO 成员附加了更多的义务，诸如报告义务❹。

---

❶ 刘春青等："ISO 标准著作权保护新政策解析"，载《标准科学》2013 年第 5 期。

❷ 这里的部分内容既包括 ISO 出版物的部分内容，也包括国家采纳 ISO 标准的全部或部分内容。

❸ 非成员国的第三方不得免费获得 ISO 的出版物。

❹ 对任何直接或间接影响 ISO 著作权的新的法律法规或官方文件，ISO 成员都必须及时向 ISO 中央秘书处报告。

ISO POCOSA 是 ISO 对其标准著作权商业性利用政策的系统性规范。目前最新版本的 ISO POCOSA 2012，是 ISO POCOSA 应对数字网络时代的著作权政策，同时也是将之前 2007 年《ISO 知识产权保护政策》和 ISO POCOSA 2005 整合而得的规范性文件。ISO POCOSA 2012 由正文和 8 个附件构成。ISO POCOSA 对 ISO 著作权政策的实质性内容可以包括以下几点。

一、著作权对象的范围

ISO 所享有的著作权的范围十分广泛，其中最为核心的是其标准及其标准出版物。由于 ISO 将 ISO 标准规定为 ISO 出版物的一部分，ISO 享有著作权对象的范围主要就是 ISO 出版物的范围。在 ISO POCOSA 2012 定义部分，界定了 ISO、ISO 成员、著作权、分享著作权、ISO 出版物、ISO 标准、草案、国家采用的标准、元数据、许可、发行等概念。这里规定了 ISO 出版物和 ISO 标准的关系，即 ISO 标准属于 ISO 出版物的一部分。依据 ISO POCOSA 2012 对 ISO 出版物的界定，ISO 出版物包括 ISO 标准、草案及其官方译文、ISO 衍生品、ISO 中央秘书处的产品等。❶ 所以，ISO 出版物的范围十分广泛，不仅包括标准及标准的草案和其译文，还延伸至 ISO 提供的任何可供发行的文件。ISO POCOSA 2012 的第一个附件就是 ISO 出版物的列表。❷ 这个表也构成了 ISO 享有著作权的对象的主要范围。

---

❶ "Include ISO standards, drafts and their official translations, ISO derived products, and ISO Central Secretariat products, as defined in Annex 1, in which ISO asserts copyright." Policy for the Distribution of ISO Publications and the Protection of ISO's Copyright（ISO POCOSA 2012）.

❷ ISO POCOSA 2012 Annex 1: List of ISO Publications.

如表 3-1 所示。

表 3-1　ISO 享有著作权的对象

	ISO 标准	ISO 衍生品和成套产品	ISO 中央秘书处产品	合作出版物
定义（适用于 ISO POCOSA 2012）	在 ISO/IEC 规则程序下的 ISO 标准化进程中各阶段的标准，包括其修正案、技术勘误表	ISO 中央秘书处出版的由 ISO 标准构成或源于 ISO 标准的出版物	ISO 中央秘书处对 ISO 成员、潜在用户和一般公众出版或准备的信息产品	ISO 和其他标准化组织依据专门协议共同制定和出版的出版物。这些专门协议可能包含其研发和发行的特定条件
示例和产品类型	·工作草案（WD） ·委员会草案（CD） ·国际标准草案（DIS） ·最终国际标准草案（FDIS） ·ISO 标准 ·可公开获取的规范（ISO/PAS） ·技术规范（ISO/TS） ·技术报告（ISO/TR） ·国际研讨会协议（IWA） ·技术趋势评估（TTA） ·ISO 指南	·ISO 标准手册 ·ISO 概略 ·标准汇编	·实施手册和指南 ·手册 ·所有类型的宣传刊物和材料 ·ISO 要闻	—

ISO POCOSA 2012 中第 4 条规定 ISO 享有著作权的对象的范围为：ISO 出版物和其他作品，包括它们的全部内容。虽然 ISO 享有著作权的对象主要为 ISO 出版物，但是除了上表所示的 ISO 出版物之外，ISO 还对 ISO 的其他作品享有著作权。ISO 对非 ISO 出版物的作品是这么定义的：除了 ISO 出版物以外的任何类型具有创造性的作品，只要该作品是 ISO 中央秘书处制

作或是监督制作的。这些作品包括但不限于培训资料、演示文稿、视频和 ISO 网站的内容。不过这些"其他作品"并非 ISO 著作权政策的核心对象。诸如 ISO 网站的内容,虽然 ISO 对其享有著作权,但是 ISO 并不通过浏览其网站而收费。将 ISO 享有著作权的对象不限用于 ISO 出版物的政策更多地具有"兜底条款"的性质,以应对将来可能出现的不能预见的情况。

此外,ISO POCOSA 2012 提出了一个概念,即元数据(Metadata),认为 ISO 享有著作权的范围除了 ISO 出版物和其他作品之外,还包括元数据。所谓元数据,即经过结构化和汇编的,ISO 将其作为数据库组成部分的一组信息要素。这些信息要素可以描述或识别 ISO 出版物,诸如标题、摘要、版本、出版日期和类似性的元素。这些元数据仅由 ISO 标准等 ISO 出版物的部分元素构成,但本身并不是 ISO 出版物,也非 ISO 所规定的"其他作品",而是属于 ISO 出版物和其他作品的内容。严格地说,单独的标题、版本或日期等要素不具备独创性,不能构成作品。但不可否认,这些元数据可能构成作品:如果汇编形成数据库具备独创性的仍可以构成汇编作品从而获得著作权;摘要可以认为具备独创性而可以构成作品。由于 ISO 的著作权政策多对 ISO 出版物、元数据和其他作品作出一体的规定,所以本书在对其政策介绍时也常将三者放到一起论述。但是需要注意的是,ISO 对单独的标题、版本或出版日期等要素所声称的著作权并不是恰当的。正因为此,在对待元数据的态度上,ISO 出现了逻辑上的矛盾。一方面,ISO 将元数据和 ISO 出版物、其他作品并列,这样的分类方式说明 ISO 也承认这些元数据不属于作品,并非当然地受到保护;另一方面,ISO 却在 ISO POCOSA 2012 第 5 条中宣称其是对元数据享有著作权的唯一主体。

二、指导原则

ISO POCOSA 2012 还规定了著作权政策的一些指导原则。这些指导原则如下：

（1）世界范围内尽可能广泛地推广和使用 ISO 标准。这项原则往往构成 ISO 著作权政策中对其著作权行使的限制，即为了在世界范围内推广 ISO 标准而在一定程度上容忍其他人（主要是国家）对其 ISO 出版物、元数据及其他作品的免费利用。诸如公众可以免费、便捷地登陆 ISO 网站浏览，获取 ISO POCOSA 2012 等 ISO 的各种公共信息。

（2）"禁止免费获得"原则。所谓"禁止免费获得"原则主要针对 ISO 和经其授权的 ISO 成员等主体以外第三方，该原则是指 ISO 出版物的全文或部分、国家标准所采用的 ISO 标准的全文或部分，未经 ISO 理事会同意皆不得向第三方免费提供。由于 ISO 通过其著作权来维系整个组织的运作和标准的制定，所以在最新的著作权政策 ISO POCOSA 2012 增加了这一原则。如果 ISO 成员不遵守该规定，不保护 ISO 的著作权，将面临严峻的处罚甚至可能被驱逐出 ISO。该原则并非绝对，也存在例外的规定。诸如以进一步制定标准为目的，❶ 第三方在特殊情况下也可以获得相应的 ISO 出版物、元数据等信息。

（3）每个国家只能有唯一的 ISO 成员，一国的 ISO 成员实

---

❶ 在标准的制定过程中，制定的专家组及 ISO 成员都必须接触到 ISO 标准及其草案，所以为了 ISO 标准的制定，ISO 会对其著作权施加一定的限制。制定标注过程中对著作权的限制，ISO 专门将其规定在了 ISO POCOSA 2012 的附件三之中。

施的商业活动不得对其他国家 ISO 成员对著作权的利用产生不利影响。该原则主要为制约 ISO 成员的不当行为所制定，既有推广 ISO 标准的目的，也有实现 ISO 著作权利益最大化的目的在其中。尤其在信息社会，网络的地域性不明显，一国的 ISO 标准的商业活动可能会深深影响他国的 ISO 标准的市场。如是规定此原则也体现了 ISO 对现代社会发展的应对策略。

三、著作权的归属

ISO POCOSA 2012 中规定，除了与 ISO 成员共有著作权的特殊情况，ISO 是 ISO 出版物、元数据及其他作品的唯一著作权人。ISO 有权在世界范围内以任何方式、任何时间利用其著作权，包括授权给 ISO 成员或第三方利用其著作权。

四、著作权的权项

在著作权的权项方面，ISO POCOSA 2012 中着重规定了 ISO 出版物主要涉及的著作权的三个权项：复制权、发行权和翻译权。其中以复制权和发行权为核心，各占一条。翻译权仅在其他条文中涉及。

（一）复制权

ISO POCOSA 2012 中详细列举了复制可能出现的情况。享有复制权的主体主要是 ISO 成员和获得授权的第三方。对 ISO 成员而言，ISO 授权 ISO 成员可以在以下情况复制 ISO 出版物和其他作品：内部使用、以出售为目的复制、将其融入 ISO 成员的产品中复制、被国家采纳而复制、在 ISO 成员的产品中复制被国家采纳的 ISO 标准等情况。对第三方而言，在完整保护 ISO 著作权的前提下，ISO 成员可以在以下情况授权第三方分许可以复制 ISO 标准：在第三方内部网络中复制、为第三方内部使用而复制、作为 ISO 成员销售的组成部分的第三方的商业复制。

（二）发行权

可以享有发行权的主体主要是 ISO 中央秘书处、ISO 成员和指定的发行商。对 ISO 中央秘书处而言，其享有的发行权最为全面，主要有以下几个方面：向 ISO 成员和指定经销商提供 ISO 出版物和元数据；向终端用户发行 ISO 出版物（主要在该国没有 ISO 成员或 ISO 成员无法履行职责等情况时）；决定所发行的 ISO 出版物的价格。对 ISO 成员而言，ISO 授权 ISO 成员在其国境内以下情况可以享有发行权：出售 ISO 出版物及其译本、出售国家标准❶等。指定的发行商又可以细分为 ISO 指定的全国发行商、ISO 中央秘书处指定的全国发行商（当地无 ISO 成员或 ISO 成员无法履行职责等情况时）和 ISO 中央秘书处指定的跨国发行商。各类发行商在其授权范围内发行 ISO 出版物。

（三）翻译权

对 ISO 标准等 ISO 出版物的翻译也属于 ISO 著作权的范围之内。但是出于推广 ISO 标准等目的，ISO 对翻译的控制并不如复制和发行那么严格。ISO 成员享有将 ISO 出版物翻译成本民族语言版本的权利，但是 ISO 成员所翻译的 ISO 标准等出版物所生成的新作品（翻译作品）的著作权需要在 ISO 和 ISO 其

---

❶ 这里所说的国家标准是指经重新起草、翻译、重新印刷和批准等方法采纳 ISO 标准而得的国家标准。对不同方法所得的国家标准，ISO 有着不同的著作权政策。详情参见本节著作权的限制部分。

他成员之间共享。

五、著作权的利用

ISO 标准及其 ISO 出版物等著作权的利用都是通过 ISO 成员等渠道完成。ISO POCOSA 2012 规定，ISO 出版物等文件在以下范围内发行——ISO 成员、ISO 成员认可的代表、ISO 委员会的联络机构、专家组、反映 ISO 技术委员会及其赞助组织的国家委员会成员。这里就 ISO 对其著作权的利用而言，主要通过授权 ISO 成员在其国家推广而实现。由于各国都只有一个 ISO 成员，故该国的 ISO 成员实质上起到了该国代理 ISO 实施各项政策的代理人。如果该国的 ISO 成员发生变更（退出或由其他标准化组织替代），那么不论出于什么原因，ISO 对其相应的授权也发生相应的变更。

ISO 给予 ISO 成员的授权是一项非排他的（普通许可）、可转让的、无限制的许可。在 ISO 成员所在的国家，ISO 成员享有任意利用 ISO 著作权的权利，诸如国家采纳、复制、发行、广播、销售、许可、出租等。需要注意的有两点：如果是翻译，那么这种翻译所得的翻译作品的著作权应当在 ISO 和 ISO 其他成员间共享；如果 ISO 成员将对 ISO 著作权的利用许可给第三方，ISO 中央秘书处将咨询 ISO 商业政策指导组或经 ISO 委员会另行批准。

因为网络的全球性，ISO 对其数据库的利用有着更为严格的规定。对标准数据库等 ISO 出版物以及检索时会出现的标题、摘要、出版日期等元数据，利用这些对象的权利被 ISO 严格地限制。因为通过网络的盗版更加便捷，所以也赋予 ISO 成员更多注意义务。此外，通过网络销售的政策与线下销售的政策亦不相同。总体上而言，通过网络进行的销售等活动，ISO成员能获得更多的分成。

通过 ISO 成员等途径实现 ISO 出版物等 ISO 著作权的利用中，存在着 ISO 和其成员之间的分成。ISO POCOSA 2012 的附件五中进行了详细的规定，诸如一次出售 1~10 份，ISO 成员可获得 30% 的提成；出售 11~25 份，ISO 成员可获得 35% 的提成；随着销售数量的增加，提成将会递增。[1]

六、著作权的限制

为了保证 ISO 标准制定过程中可以达成共识，为了世界范围内尽可能广泛地推广和适用 ISO 标准，ISO 除了法律规定的已有的权利限制之外又规定了一系列对自身著作权的限制。从著作权法角度而言，ISO 此种对自身著作权的限制可以定性为部分权利的放弃。这些限制可以分为两个方面：一是制定 ISO 标准的过程中，为了实现可以回应市场的需求、基于全球专家的意见、达成共识等原则，ISO 对其标准及其草案之上规定的权利限制；二是为了推广和适用 ISO 标准，对已有的 ISO 出版物等著作权对象的权利限制。

在 ISO 标准制定过程中的限制主要集中在 ISO POCOSA 2012 的附件三之中——"ISO 标准和草案在制定过程中的发行政策"。制定一项标准可能会参考其他标准，ISO 技术委员会的成员有机会审查质询中的标准，这些原因导致 ISO 标准和草案可以在 ISO 系统内免费复制、发行。易言之，在标准制定过程中，ISO 成员及其代表、技术委员会、工作组专家等利害相

---

[1] ISO POCOSA 2012 Annex 5 DISCOUNTS AND ROYALTY FEES.

关方范围内都可以免费获取享有著作权的 ISO 标准及其草案。标准制定过程中可能包含一个公共调查阶段。在该阶段，标准草案被提供给任何感兴趣的人。这时任何人都可以免费接触到该标准草案。

为了推广和适用 ISO 标准，ISO 为各个国家采用 ISO 标准提供一定的便利，即对其著作权进行一定的限制。这种限制仅限于 ISO 成员采用 ISO 标准为国家标准这唯一的一种情况。一般而言，一国的 ISO 成员在该国为当地的国家标准化组织。故 ISO 成员可以决定是否采用 ISO 标准为该国的国家标准。采用 ISO 标准为国家标准主要有以下几种方式：重新起草、翻译、重新印刷和批准。重新起草是指依照 ISO 标准重新起草与 ISO 标准内容一致的国家标准；翻译是指将 ISO 翻译成国家标准，并附加了该国的前言、该国名称等要素；重新印刷是指将 ISO 标准通过照相、扫描等方式直接翻印发布而不加变动；批准是指直接在 ISO 标准上背书将其批准为国家标准。通过重新起草和翻译采用的国家标准，ISO 放弃对其获取收益的权利；而通过重新印刷和批准的方式采用的国家标准，ISO 仍然主张其著作权，仍需要获取相应的版税。

另外，ISO 政策、新闻稿等公众信息和技术委员会工作计划、年报、会议安排、会议纪要、会议通知和议程等行政文件可以由公众通过网络免费获得。这种通过互联网免费发行 ISO 的公共信息和行政文件的政策背后也存在着向公众推广 ISO 及其标准的目的。

七、标准制定所涉及的他人的著作权

ISO 标准制定过程中可能会利用到他人享有著作权的作品

（标准）。易言之，ISO 在其标准制定过程中可能会将其他标准化组织的标准吸收在 ISO 标准之中。对此 ISO POCOSA 2012 规定：在此情况下，原著作权中复制、发行以及在任何新作品中以任何形式再现原作品等权项，必须授权给 ISO 及其成员。ISO 寄希望于通过此种规定，避免 ISO 在利用其著作权的过程中侵害到他人（主要是其成员）的著作权。

八、相关法律适用问题

ISO POCOSA 2012 规定在 ISO 不同成员之间的纠纷解决所适用的法律为瑞士法律。同时，依据《伯尔尼公约》的规定，由于 ISO 总部设在瑞士日内瓦，ISO 的出版物首先在瑞士发表，故 ISO 出版物等作品的起源国为瑞士。故瑞士法律成为 ISO 著作权政策实施的法律基础。

除了 ISO POCOSA 2012 以外，ISO 的其他规范性文件对其著作权的保护也有所涉及，诸如《ISO 道德规范 ISO/GEN 28：2004》《ISO 体系基本原则 ISO/GEN 22：1999》《ISO/IEC 著作权、标准和互联网》《加强 ISO 标准著作权保护及国家采用 ISO 标准著作权保护的指导方针》。这些文件中关于 ISO 著作权政策的部分仅为 ISO POCOSA 中规定的著作权政策的确认。例如《ISO 道德规范》将 ISO 著作权的保护纳入到道德规范之中；《ISO 体系基本原则》则将 ISO 著作权的保护所产生的版税的收取作为其一项权利来对待；《ISO/IEC 著作权、标准和互联网》则为互联网使用者的便利，简要地说了一些 ISO PO-COSA 的规定；《加强 ISO 标准著作权保护及国家采用 ISO 标准著作权保护的指导方针》这一文件则主要介绍了如何标注著作权公示、如何使用水印等具体措施和建议。这一系列规范性文件从实益的角度而言对 ISO 著作权政策的推广和实施有重要的帮助，但从学理的角度而言 ISO 著作权政策的相关内容与 ISO POCOSA 是重复的。

第二节　IEC 标准及其著作权政策

国际电工委员会（International Electrotechnical Commission），简称 IEC，是从事电气、电子等方面（统称电工）的国际标准制定的非政府组织。IEC 于 1906 年 6 月成立于英国伦敦，是世界上最早的国际电工标准化组织，也是世界上最早的国际标准化组织。与 ISO 一样，IEC 在每个国家都只能有唯一的作为代表的成员，1906 年 IEC 成立时派有代表参加的国家为奥地利、法国、德国、英国、日本、美国等 13 个国家。❶ 截至 2014 年 4 月，IEC 的成员为 82 个，其中正式成员（Full members）59 个，联系成员（Associate members）23 个。❷ 在 1947 年 ISO 最初成立时，IEC 曾作为电工部并入 ISO，1976 年又从 ISO 中分立出来。从 1976 年至今，IEC 一直保持着与 ISO 密切的联系，在标准制定和推广等方面一直保持着密切的协调。

IEC 的最高权力机构为 IEC 委员会（IEC Council），由正

---

❶ L. Ruppert, Secretary IEC, *Brief History of the International Electrotechnical Commission*, Bureau Central de la Commission Electrotechnique Internationale 1. Rue de Varembé Genève, Suisse, 1956.

❷ IEC 将其成员分成两个级别：正式成员和联系成员。正式成员有权接触所有的技术和管理，在 IEC 各级部门享有投票权；联系成员有权接触所有工作文件，不具备管理权力，投票权受限。载 http://www.iec.ch，2014 年 4 月 2 日访问。

式成员组成，相当于公司的股东大会，投票时一人一票。IEC 委员会下设 IEC 理事局（IEC Council Board，CB），是 IEC 的决策机构，相当于公司的董事会，由 IEC 委员会投票产生 15 名成员组成，三年一届，可连选连任一次。❶ IEC 理事局下设 IEC 执行委员会（IEC Executive Committee，EXCO），执行 IEC 理事局的决策，负责人为 IEC 主席及其秘书，二人皆为 IEC 理事局成员，但无投票权。IEC 执行委员会下设标准化管理委员会（Standardization Management Board，SMB）、市场战略委员会（Market Strategy Board，MSB）和合格评定委员会（Conformity Assessment Board，CAB）。其中，IEC 标准化管理委员会负责全面管理 IEC 标准化活动，其管理的 IEC 其他机构主要包括技术委员会（Technical Committees，TC）、技术咨询委员会（Technical Advisory Committees）、策略组（Strategic Groups）等机构。为了制定某一标准，标准化管理委员会成立相关的技术委员会（包括分委员会），其成员一般由该领域的专家组成，一般来自企业、政府、科研实验室、消费者团体等。目前，IEC 已有 178 个技术委员会（包括分委员会）。

　　IEC 对其著作权利用的商业政策也形成了规范性的文件。1993 年，ISO（与 IEC 联合）制定了第一个版本的 ISO/IEC POCOSA，名为《ISO IEC 共同著作权、文本使用权和销售政策》（已失效）。随着 ISO 对 POCOSA 的修订，IEC 并没有参加

---

❶ 每个金融集团都必须有代表参加 IEC 理事局，即法国、日本、英国、美国、德国和中国。在我国这六个国家也被媒体成为常任理事国。2014 年 IEC 理事局其他 9 名成员分别来自瑞典、南非、韩国、荷兰、巴西、意大利、澳大利亚、奥地利和加拿大。参加理事局的各个成员并非代表其国家、行业或协会，而是为 IEC 服务，向 IEC 委员会负责。载 http://www.iec.ch，2014 年 4 月 2 日访问。

其修订，而是基于 1993 年的 ISO/IEC POCOSA，将 IEC 著作权政策融入销售政策之中，独自进行修订形成了 2003 年《IEC 销售政策摘要》（*Summary of IEC Sales Policy*）以及其后 2005 年、2011 年的《IEC 销售政策》（*IEC Sales Policy*）。❶ 目前 IEC 标准的著作权政策并非像 ISO 一样有独立的规范性文件，著作权政策主要体现在 IEC 于 2011 年发布的《IEC 销售政策》之中。除了《IEC 销售政策》，《ISO/IEC 著作权、标准和互联网》也对 IEC 的著作权政策有所涉及，这种情况与 ISO 著作权政策类似，《ISO/IEC 著作权、标准和互联网》作为介绍互联网有关的标准著作权政策的宣传手册存在。

根据 2011 年《IEC 销售政策》，IEC 标准的著作权政策可以概括如下。❷

一、著作权的对象

《IEC 销售政策》将 IEC 著作权的对象概括为 IEC 提供的产品。所谓产品，即可以通过电子形式或纸介质形式获取的出版物、文件和数据。IEC 并没有像 ISO 一样对其出版物等概念进一步做出抽象性的定义，而仅在后文中列举了几项重要形式的产品——各种形式的 IEC 标准及其草案、指南、技术报告、手册、目录等。由于 IEC 和 ISO 长久以来的合作关系，IEC 各种出版物、文件和数据这些概念的内涵和外延可以参考 ISO 的相关规定进行一定程度的解释。与 ISO 相比，IEC 的著作权政

---

❶ http://www.iec.ch，2014 年 4 月 2 日访问。

❷ IEC Sales Policy，转引自国家标准化管理委员会、中国标准化研究院编：《国内外标准著作权保护政策文件选编》，中国质检出版社、中国标准出版社 2012 年版，第 233～253 页。

策在著作权对象的范围方面规定十分苛刻。IEC 宣称其对所有的 IEC 产品都享有著作权，对任何 IEC 产品的任何形式的利用（包括全部或部分复制）都需要获得 IEC 的书面许可。对于 IEC 产品的典型代表 IEC 出版物，IEC 销售政策重点强调：所有的 IEC 出版物都受到著作权的保护，未经书面许可不得进行任何复制和利用（文字、电子或机械等）。

值得注意的是，IEC 对其产品形式有着硬复制形式和电子形式两种分类。硬复制形式指的是通过打印机、复印机等方式得到的纸介质等形式的产品；电子形式指的是以 PDF、CD 等形式出现的产品。由于后者更容易被复制传播，所以 IEC 对其控制也更为严格。对于电子形式的产品，IEC 还专门建立了数据库，客户可以付费访问，检索到 IEC 出版物的目录、章节及相关信息。

二、著作权的公示

与 ISO 相同，IEC 也非常重视对其产品著作权的公示和宣传。依据《IEC 销售政策》，PDF 格式的产品需要每页都有标准权利管理信息的水印，并加入技术措施使其不能被删除。与 ISO 相同，IEC 在著作权的公示方面也形成了特定的格式。

三、著作权的权项

IEC 对其产品享有完全的著作权，除了特别强调的复制权和翻译权外，还禁止客户以转让、销售、特许、租赁、给予、下载、修改、出版、发行、转送等形式向第三人透露 IEC 产品，也禁止客户对其 IEC 产品的演绎——通过 IEC 出版物或其任何一部分制作衍生品。这里可以看出 IEC 销售政策中不承认著作权法中的发行权穷竭原则。即使对付费获取的纸介质版本的 IEC 标准,该客户不但不能将其转让给第三人,而且还需要在规定期限内销毁纸介质版本的 IEC 标准。

四、著作权的利用

在著作权的利用方面,主要以销售 IEC 出版物为利用政策的核心。与 ISO 相同,IEC 出版物通过各级经销商进行发行销售,每个国家委员会都可以指定一个经销商。IEC 对其著作权的利用控制非常严格,诸如 IEC 产品只能存放在指定的工作站之中,每一个终端用户只能有一份硬复制形式的产品;客户通过硬复制所得的 IEC 出版物一般不得保留超过 60 个工作日。❶

IEC 产品的客户可以是自然人或者公司,对于特定客户,IEC 采取不同的销售策略,如对教育机构会有一定的优惠措施。因为教育机构对 IEC 标准的推广有一定的促进作用,会向新的终端客户首次介绍 IEC 及其产品,所以 IEC 对其提供的销售价格是价格目录中的一半。

IEC 著作权政策的另一种优惠针对"采用"——即将 IEC 标准采用为国家标准或地区标准。一般而言,IEC 提供的 IEC 出版物即使是电子版本也附加了技术措施不能被修改。但如果在全国范围内将 IEC 标准采用为国家标准或地区标准,那么 IEC 可以免费提供可修改格式的 IEC 出版物。但是这种"采用"仍然需要 IEC 的著作权许可。这种需要经许可且免费的优惠,与 ISO 著作权政策中一定条件下可以未经许可的免费采用

---

❶ 例外是 IEC 标准作为内部使用或存档,IEC 产品作为需要永久保存的文件记录的一部分存在。

不同，与其说是一种限制，不如说是一种优惠。

五、著作权的限制

《IEC 销售政策》中列举了一项著作权法中常见的著作权的限制——教学科研使用。在教学讲义、教学手册、技术出版物、期刊中使用 IEC 标准的术语和定义。IEC 宣称教学使用是 IEC 著作权中唯一的例外❶，并且在使用过程中不得对术语和定义做出任何变动。依据《IEC 销售政策》，如果不是教学科研使用，则 IEC 出版物的任何部分不能以任何形式任何途径复制和使用；即使在教学科研中使用，也仅限于 IEC 标准中的术语和定义，而不涉及 IEC 标准的其他内容。

通过以上对 IEC 著作权政策的介绍可以看出，IEC 的著作权政策所处分的内容已经远远大于 IEC 本身所应有的著作权。与 ISO 相比，IEC 对著作权法律规范及其基本理论了解较少，其著作权政策也更为苛刻。本书认为，任何一个民事主体利用著作权的商业政策都必须在该国著作权法允许的范围之内，可以对自身的著作权放弃或者限缩，但是不能对自身义务进行放弃或者限缩。例如，IEC 在我国的著作权政策应当符合我国著作权法的规定，应当允许法律所规定的 12 项合理使用的规定；以教学科研为目的使用，只要符合三步检验法，就不应当限于标准的术语和定义；IEC 纸质版形式的产品不适用发行权穷竭原则也缺乏正当的理由。IEC 这种违背各国著作权法和《伯尔

---

❶ 除了教学科研使用之外，IEC 还允许内部使用，即在制定修改 IEC 标准过程中对 IEC 标准及其草案等产品的利用，以及国家委员会的图书馆的使用。由于内部使用并非对外的商业政策，所以 IEC 认为教学科研使用是对其著作权唯一的限制。

尼公约》的著作权政策并非恰当，超过其著作权范围内的权利宣誓也是无效的。

第三节 ITU 标准及其著作权政策

　　国际电信联盟（International Telecommunication Union），简称 ITU，是联合国的一个专门机构，也是历史上最悠久的国际组织，主要负责信息通信技术，划分全球无线电频道和卫星轨道，制定相关标准确保网络和技术无缝互联等工作。1865 年 5 月 17 日，法、德、意、俄等 20 个国家在巴黎签订《国际电报公约》成立"国际电报联盟"（International Telegraph Union，ITU）。1932 年，《国际电报公约》与《国际无线电报公约》合并，制定《国际电信公约》，国际电报联盟也因此改名为国际电信联盟，简称仍为 ITU。1947 年，ITU 成为联合国的专门机构。目前，ITU 已有 193 个成员，700 多家私营部门实体和学术机构。所有联合国的成员国都是 ITU 的成员国。我国 1920 年加入 ITU，1971 年新中国替代"中华民国"获得 ITU 的成员资格。❶

　　制定 ITU 标准是 ITU 的重要工作之一。ITU 标准的制定组织为 ITU 下设的国际电信联盟电信标准化部门（ITU Telecommunication Standardization Sector，简称 ITU-T）。ITU-T 创建于 1993 年，前身为成立于 1960 年的国际电报电话咨询委员会（International Telegraph and Telephone Consultative Committee，CCITT）。ITU-T 制定的 ITU 标准以建议书（Recommendations）

---

❶ 载 http：//www.itu.int，2014 年 4 月 11 日访问。

的形式公之于众。目前，ITU-T 建议书（ITU 标准）已有 3 000 余份有效建议。

  ITU 对其标准的著作权政策规定远不如 ISO 和 IEC 的规定全面，甚至连专门规定其著作权政策的文件都没有。ITU 标准等出版物的著作权政策主要规定在 1994 年制定的《ITU 文件和出版物》（*Resolution 66 Documents and Publications of the U-nion*）这一决议之中。即使在这一份短短的决议中，其著作权政策的规定仍然只是寥寥几句。该决议于 1998 年、2010 年两次修改。该决议认为，ITU 对包括 ITU 标准（ITU-T 建议书）在内的 ITU 任何形式的出版物都享有著作权。该决议中体现着 ITU 出版物的著作权政策中两种相反的价值倾向。一方面，ITU 属于联合国的专门机构，其以免费在线获取等方式提供 ITU 出版物为目标；❶ 另一方面，ITU 宣称其对 ITU 出版物的著作权，他人必须尊重 ITU 出版物的著作权，他人如果想复制或传播 ITU 出版物的全部或部分都必须获得专门的许可。❷

  ITU 的其他文件中对 ITU 的著作权政策亦有所涉及，诸如《ITU 出版物声明》（*ITU Publication Notice*）和《ITU 软件著作权指南》（*ITU Software Copyright Guidelines*）。《ITU 出版物声明》❸ 中规范了 ITU 出版物的相关格式，并重申了对 ITU 出版

---

❶ 例外是对于索取某一特别出版物或成套出版物，ITU 将收取一定的费用。

❷ Resolution 66 Documents and Publications of the Union, Rev. Guadalajara, 2010. 转引自国家标准化管理委员会、中国标准化研究院编：《国内外标准著作权保护政策文件选编》，中国质检出版社、中国标准出版社 2012 年版，第 256~258 页。

❸ 目前，《ITU 出版物声明》的最新版本为 2013 年 9 月发布的版本。

物受到著作权法的保护。《ITU 软件著作权指南》❶ 中主要规定了 ITU 出版物的制定和评估等过程中使用到他人软件的著作权所涉及的许可等相关问题。

第四节　我国对国际标准著作权政策的认可

在标准著作权方面，我国的主要规范性法律文件是《著作权法》和《标准化法》。作为我国国家质检总局下属的事业单位，我国国家标准化管理委员会依据《著作权法》《标准化法》及前文所述的 ISO/IEC 的著作权政策于 2007 年制定了一个红头文件《ISO 和 IEC 标准出版物著作权保护管理规定（试行）》。该红头文件为 ISO 和 IEC 著作权政策在我国唯一体现的专门规范性法律文件。

《ISO 和 IEC 标准出版物著作权保护管理规定（试行）》这一规范性法律文件明确承认了 ISO 和 IEC 对其制定标准等出版物享有著作权，照抄了 ISO 出版物的类型，重申了对 ISO 和 IEC 所享有的著作权的保护。从形式上而言，该规范性法律文件明确提出了对 ISO 和 IEC 的著作权保护，有利于促进公众对 ISO 和 IEC 著作权的尊重。从内容上讲，该规范性法律文件并没有详细地说明 ISO 及 IEC 著作权的政策，仅仅是从整体上符合了 ISO 和 IEC 著作权商业政策的规定，承认其著作权的保护。即使没有该规定，仍然可以通过著作权法等法律法规得出

---

❶ 《ITU 软件著作权指南》是 ITU 于 2002 年制定，并历经 2003 年、2005 年、2011 年三次修订。目前该指南的最新版本为 2011 年公布，2012 年 4 月 13 日正式生效的版本。

对 ISO/IEC 标准出版物著作权的保护。故从规范性角度而言，该法律文件的意义不大。

此外，《ISO 和 IEC 标准出版物著作权保护管理规定（试行）》沿袭了《标准化法》和《标准出版管理办法》等文件的规定，将关于标准的管理、出版等规定适用于 ISO 和 IEC 标准。在 ISO 和 IEC 标准管理方面，该文件规定，国家标准化管理委员会统一管理 ISO 和 IEC 标准出版物的著作权保护工作。在出版方面，该文件规定，中国标准出版社享有 ISO 和 IEC 标准出版物译文的出版权。

《ISO 和 IEC 标准出版物著作权保护管理规定（试行）》于 2007 年制定，至今仍然试行。但是，ISO 和 IEC 的著作权商业政策分别于 2012 年和 2011 年修订。ISO 和 IEC 经过修订后的著作权政策比之前的著作权政策更为严厉，同时二者规定著作权政策的规范性文件也不再相同，内容也各有差异。所以，准确地说，我国 2007 年实施的《ISO 和 IEC 标准出版物著作权保护管理规定（试行）》已经落后于 ISO 和 IEC 的著作权政策；将 ISO 和 IEC 出版物统一以一个红头文件的形式进行规定，也与 ISO 和 IEC 各自独立的著作权政策不一致。

综上，《ISO 和 IEC 标准出版物著作权保护管理规定（试行）》形式意义大于实质意义，其内容和形式也落后于目前的国际标准著作权政策的修订。不过，我国适用并实施《ISO 和 IEC 标准出版物著作权保护管理规定（试行）》这一文件至少可以看出我国对国际标准著作权保护的积极态度。由此也可以看出 ISO、IEC 等国际标准组织的著作权政策对我国产生的深远影响。

第四章 外国国家及区域标准著作权政策

大部分国家都具备相应的国家标准化组织,这些国家标准化组织一般同时是ISO的成员,诸如英国标准协会(BSI)、德国标准化协会(DIN)、日本工业标准调查会(JISC)、美国国家标准协会(ANSI)等。不同国家的标准著作权归属因为各国具体情况而有所不同。

欧洲区域有区域性的标准化组织,诸如欧洲标准化委员会(CEN)、欧洲电工标准化委员会(CENELEC)以及欧洲电信标准协会(ETSI),是协调各成员国的标准化组织,要求国家标准和欧洲标准一致。除了欧洲标准化组织之外,在亚洲、美洲、非洲等地区也有类似的组织,诸如太平洋地区标准会议(PASC)、东盟标准与质量咨询委员会(ACCSQ)、泛美标准委员会(COPANT)、非洲地区标准化组织(ARSO)、阿拉伯标准化与计量组织(ASMO)等。不过目前最具影响力的仍然是CEN、CENELEC和ETSI这三个欧洲区域标准化组织。

本章选取美国、欧洲(包括英国和德国)、日本这几个最具代表性的国家(区域)标准化组织的著作权政策作介绍,以此窥见外国国家及区域标准的著作权政策。

值得注意的是,与ISO、IEC相同,大多数国外的标准化组织并非政府的职能部门,也非政府下属或挂靠政府的事业单位,而是独立的非政府组织(民事主体),往往由该国众多的学者、企业代表、行业标准化组织或行业学会组成。所以不论是国家标准化组织还是区域标准化组织，其标准的著作权政策即该民事主体对其著作权利用的商业政策。不同主体对其著作权的利用政策也不尽相同。

第一节　美国国家标准的著作权政策

美国国家标准化组织是美国国家标准学会（American National Standards Institute，ANSI），其前身是美国工程标准委员会（American Engineering Standards Committee，AESC），由电器工程师学会（现为 IEEE）、机械工程师协会（ASME）、土木工程师协会（ASCE）、矿业与冶金工程师协会（ASMME）、美国材料试验协会（ASTM）、美国商务部、陆军部、海军部等成员于 1918 年 10 月 19 日成立。❶ 并于 1928 年、1966 年和 1969 年先后改名为美国标准协会（ASA）、美国标准学会（USASI）和美国国家标准学会（ANSI）。ANSI 是 ISO 和 IEC 的成员，同时是 ISO 五个常任理事之一，负责美国国家标准的认定和推广。

ANSI 本身并不制定标准，但其提供了认定国家标准的程序——通过这一程序，ANSI 可以将美国材料试验协会、机械工程师协会、土木工程师协会等行业协会提交的标准草案认定为国家标准。目前可以进行标准草案起草的非政府组织已有 220 余个。而这一认定程序的基本原则是公开、平衡、正当程序和共识。❷

ANSI 的标准著作权政策即美国国家标准的著作权政策。

---

❶❷ 载 http：//www.ansi.org，2014 年 4 月 22 日访问。

该著作权政策可以分为以下两个方面。

一、著作权的归属

ANSI 并不起草标准草案，也不制定标准，而仅仅认可标准。依据自动产生原则，依据《伯尔尼公约》的要求，标准（包括草案）在完成之日起即产生著作权。标准的著作权归作者享有，即制定该标准（草案）的民事主体，一般为向 ANSI 提交标准草案的行业协会。由于 ANSI 仅将标准草案认可为美国国家标准，并不改动标准（草案）的内容，不参与标准文本的完成，所以不可能原始取得美国国家标准的著作权。所以从这个角度而言，由于 ANSI 本身并没有原始取得标准的著作权，也就没有相应的处分权能，所以也不可能针对其认可的标准制定一系列商业政策。这些国家标准的著作权政策归属于起草制定该标准的行业协会。故从实质意义上而言，美国的国家标准著作权政策即制定该标准的行业协会的著作权政策，ANSI 并没有统一的标准著作权政策。

二、著作权的利用

作为著作权体系代表的美国法，著作权是纯粹的财产权，当事人可以约定著作权的归属和利用的方式。所以对于他人对美国国家标准所享有的著作权，ANSI 也基于合同享有一定的权利。其中，最常见的情况是 ANSI 和制定该标准的行业协会都享有销售该国家标准的权利，所获得的收益也依据合意进行分配。

综上，美国是一种"分散化标准体制"，ANSI 认可的美国国家标准并无统一的标准著作权政策。

第二节　欧洲标准的著作权政策

欧洲除了各国的国家标准化组织之外，还存在跨国界的具有相当影响力的区域标准化组织——欧洲标准化委员会（Comité Européen de Normalisation，CEN）、欧洲电工标准化委员会（Comité Européen de Normalisation en Électronique et en Électrotechnique，CENELEC）和欧洲电信标准学会（European Telecommunications Standards Institute，ETSI），这三个机构也被称为三大欧洲标准化机构。三大欧洲标准化机构制定的标准即通常所说的欧洲标准（European Norm，EN）。不论从对国家标准制定的影响，还是对国际标准制定的影响，欧洲三大标准化组织的影响力远远大于其他区域标准的标准化组织，所以本书对区域标准著作权政策的介绍也以三大欧洲标准化组织为代表。

CEN 最初由法国标准化协会（AFNOR）于 1957 年提议，并于 1961 年成立于巴黎（后迁至布鲁塞尔），负责协调除电工电信以外的欧洲标准化工作。CEN 最初成立时有法国、英国、意大利、德国等 13 个成员的国家标准化组织，目前 CEN 已有 33 个成员参加，以西欧国家的国家标准化组织为主，覆盖欧盟全部成员国和部分非欧盟成员国。

CENELEC 是负责欧洲电工工程领域方面标准化工作的非政府组织。其于 1973 年由欧洲电工标准协调委员会（CENELCOM）和欧洲电气标准协调委员会（CENEL）两个非政府组织合并而成。总部设在比利时的布鲁塞尔，与 CEN 联合办公。

成员与 CEN 成员完全一致。❶

CEN 和 CENELEC 制定欧洲标准时经过相同的流程。以 CEN 为例，标准制定流程如下：任何利益相关方都可以向 CEN 提出制定标准的建议，建议被 CEN 技术组（CEN Technical Body）或 CEN 技术委员会（CEN Technical Board）接受后，CEN 的成员有"停止"（standstill）的义务——停止该成员在本国境内该标准的制定，并参与 CEN 标准的制定。CEN 标准由 CEN 技术组的专家起草制定。草案完成后经过公开征询意见、CEN 所有成员的加权投票后，CEN 标准方制定完成。CEN 标准制定完成后，将向所有 CEN 成员公开，CEN 成员必须承认 CEN 标准起到该国国家标准的地位。如果该成员其他国家标准与 CEN 标准相抵触，该成员有义务撤销本国与之相抵触的国家标准。为了确保 CEN 标准的有效性，CEN 标准每五年至少复审（Review）一次。❷

CEN 和 CENELEC 联合办公，所以经常共同发布欧洲标准相关的一系列文件，二者也共同采纳相同的著作权商业政策。CEN 和 CENELEC 的知识产权政策主要集中在 CEN – CENELEC 指南 8（GUIDE 8）、指南 10（GUIDE 10）、指南 24（GUIDE 24）三个文件之中。其中指南 8 主要为专利方面的政策、指南 10 为出版物销售方面的政策、指南 24 为商标和域名的知识产权政策。与欧洲标准著作权政策直接相关的文件主要是指南 10。

CEN – CENELEC 指南 10 名为《发行和销售 CEN – CEN-

---

❶ http://www.cenelec.eu, 2014 年 4 月 30 日访问。
❷ http://www.cen.eu, 2014 年 4 月 30 日访问。

ELEC 出版物的指南》❶（*Guidelines for the Distribution and Sales of CEN – CENELEC Publications*）。在该指南中规定了 CEN 和 CENELEC 共同的著作权政策。除了 CEN – CENELEC 指南 10 以外，CEN 还单独发行了《CEN 标准著作权保护指南》（*CEN Guidance on the Protection of CEN Standards Copyright 2010*），其内容与前者并没有实质性的差别。CEN – CENELEC 的著作权政策主要包括以下几个方面。❷

一、著作权的对象

CEN/CENELEC 所享有的著作权对象较为广泛，主要包括出版物及相关元数据。CEN/CENELEC 标准及其草案作为 CEN/CENELEC 出版物对待。除了 CEN/CENELEC 标准以外，CEN/CENELEC 出版物还包括技术规范、技术报告、指南、协调文件、勘误表等。

二、著作权的归属

CEN/CENELEC 对其出版物及相关元数据享有著作权（包括使用权）。与 ISO 等国际标准化组织所规定的著作权的归属略有不同。CEN/CENELEC 的著作权政策深受作者权体系的影响。在作者权体系的背景下，只有自然人才能创作作品，所以作品的作者只能是自然人。但是 CEN 和 CENELEC 是非政府组织，不是自然人，所以不能成为标准等作品的作者。这意味着

---

❶ 该指南最初颁布于 2001 年，替代之前的《CEN/CENELEC 出版物发行和销售备忘录》，目前最新版本为 2010 年 1 月第 2 版。

❷ CEN – CENELEC GUIDE 10：Guidelines for the distribution and sales of CEN – CENELEC publications Edition 2，January 2010.

CEN 和 CENELEC 不能原始取得标准等出版物的著作权,只能通过合同等形式继受取得相应著作权中的著作财产权,而著作人格权仍然归属于相应的自然人。而欧洲不同国家的著作权法规定又各不相同,有的国家甚至不允许著作权的绝卖,所以 CEN 和 CENELEC 对著作权的享有主要是通过合同实现的独占许可。这一点在《CEN 标准著作权保护指南》中说明得更为清晰,著作权"始终属于原起草人……转让给 CEN 的仅为使用权……并不能阻碍原起草人为其自身目的的使用"❶。所以,一般而言,CEN/CENELEC 标准的著作权归属于原起草人,CEN/CENELEC 通过合同获得该起草人的独占许可。这个独占许可的期限为作者所享有的著作财产权的全部期限,依据《伯尔尼公约》的规定最少为 70 年。❷

在 CEN/CENELEC 获得独占许可的前提下,作者可以其自身为目的使用这些标准,诸如:署名权的保留;公司内部文件、设计和规范中使用;科学技术出版物中使用;等等。但是作者这些使用不得对 CEN/CENELEC 出版物造成不利的影响。❸

---

❶ 转引自国家标准化管理委员会、中国标准化研究院编:《国内外标准著作权保护政策文件选编》,中国质检出版社、中国标准出版社 2012 年版,第 341~342 页。

❷ 《伯尔尼公约》的最低标准要求保护期为 50 年,我国著作权的期限符合这一要求。《伯尔尼公约》中 70 年的规定(如果是自然人,则为作者终身加死后 70 年)并非适用最低标准原则,而是适用互惠原则。

❸ 这种不利影响往往需要通过个案来进行判断,诸如通过销量的影响来判断。《CEN 标准著作权保护指南》中列举了一项造成不利影响的使用:将作品当成标准的替代文件来进行销售。

三、著作权的公示

与 ISO 等标准化组织类似，CEN/CENELEC 也对自身继受取得的著作权有权利公示的要求。诸如其要求所有出版物上都应附带保护 CEN/CENELEC 著作权的声明。

四、著作权的利用

与 ISO 类似，CEN/CENELEC 标准可以向该国的 CEN/CENELEC 成员购买。在一国的领域内，该国的 CEN/CENELEC 成员对 CEN/CENELEC 标准等著作权的对象享有完整的销售、整理、复制、出租、翻译以及其他演绎的权利。当然，因翻译等演绎而得的新作品的著作权归翻译者等作者享有，其他国家希望获得该新作品的许可需要找实施翻译或演绎行为的该国的 CEN/CENELEC 成员协商。另外，因为 CEN/CENELEC 鼓励非成员国采用欧洲标准作为其国家标准，所以还会提供一定的鼓励措施。诸如，第三国在其领土范围内销售翻译成员国语言的 CEN/CENELEC 标准，不需要向 CEN/CENELEC 支付费用，但如果将此种翻译销售到本国领土以外，则需要支付费用；如果非 CEN/CENELEC 成员出版 CEN/CENELEC 标准，CEN/CEN-ELEC 会提供授权。❶

五、著作权的限制

CEN/CENELEC 承认了著作权法中所通常规定的合理使用（fair use），诸如少量摘录、评论宣传使用、教育科研使用等。

---

❶ http：//www.cencenelec.eu/ipr，2014 年 4 月 30 日访问。

但是 CEN/CENELEC 借鉴了美国法中关于合理使用的规定，规定作为合理使用的摘录不得超过原文的 10%，必须附带 CEN/CENELEC 的权利公示信息。除此之外，内部使用等类似的规定也有所涉及。

六、适用法律

由于 CEN 和 CENELEC 总部位于比利时布鲁塞尔，所以适用比利时的著作权法及其他相关法律。

CEN 和 CENELEC 的标准著作权的许可途径也略有不同，如我国学者所言，"CEN 采用的是一种著作权直接转移的方式"，❶ 而 CENELEC 是一种间接的方式。CEN 标准的著作权直接由起草的专家等人许可给 CEN；CENELEC 标准制定过程中的著作权，先从制定标准的专家等人许可给本国的 CENELEC 成员，再由 CENELEC 成员许可给 CENELEC。当然，CEN 和 CENELEC 会再将这些获得的著作权统一许可给其成员进行复制、销售等。

除 CEN 和 CENELEC 之外，欧洲电信标准学会（ETSI）也是一个比较常见的欧洲标准化组织。ETSI 是主要负责制定欧洲电信（信息与交流技术）领域标准的非政府组织。其由欧共体（现为欧盟）于 1988 年在法国尼斯建立。目前，ETSI 已有来自 5 大洲 63 个国家的 781 个成员。❷ 由于一个国家内可以有多个 ETSI 成员，成员性质遍及政府和监管组织、企业、学会等，所以 ETSI 成员的数目较多。

---

❶ 刘春青主编：《标准著作权知识问答》，中国标准出版社 2010 年版，133 页。

❷ http://www.etsi.org，2014 年 5 月 3 日访问。

关于 ETSI 知识产权政策的主要规范性文件主要有二：一是 2013 年 3 月颁布的 ETSI 议事规则（ETSI Rules of Procedure）的附件六：ETSI 知识产权政策（Annex 6：ETSI Intellectual Property Rights Policy）；一是 2013 年 9 月颁布的 ETSI 知识产权指南（ETSI Guide on Intellectual Property Rights）。❶ 与著作权政策相关的内容，前者主要涉及 ETSI 标准著作权的归属，后者涉及著作权的许可格式等细节性的规定。ETSI 的著作权政策与 CEN/CENELEC 较为接近，诸如著作权的归属与 CEN 和 CENELEC 相同，著作权由作者原始取得，ETSI 继受取得著作权。❷ 但也有一些不一致的地方，主要包括以下几点：

首先，ETSI 制定的标准种类较多，同时可能构成 ETSI 制定的欧洲电信领域的技术规范（Technical Specification）、ETSI 指南（ETSI Guide）、ETSI 技术报告（ETSI Technical Report）等。

其次，公众对标准的获得是免费的，不需经过 ETSI 许可。自 1998 年 9 月开始，公众可以从 ETSI 的官方网站搜索、阅览、下载、使用 ETSI 制定的各种标准及其研发中的标准草案。但这种免费获取仅限于非营利性地使用该标准，如果以营利为目的复制、传播这些标准则需要事前以合同的方式获得许可。当然，从 ETSI 官网下载时，ETSI 并非作关于是否营利的审查，而允许直接下载。对 ETSI 成员而言，ETSI 成员在其自身使用

---

❶ 除了以上两个主要文件外，ETSI 于 2011 年 1 月还颁布过《ETSI 反垄断协议指南》（ETSI Guidelines for Antitrust Compliance），并认为该协议属于知识产权政策的一部分来进行归类。

❷ ETSI Rules of Procedure Annex 6：ETSI Intellectual Property Rights Policy, Clause 9.1.

范围内可以免费复制 ETSI 制定的标准和技术法规，但是不可以向第三方传播这些复制件。❶

再次，ETSI 成员没有义务告知 ETSI 其基本知识产权的更新，但 ETSI 鼓励其成员将其更新的信息告知 ETSI。❷

最后，适用的法律。因为 ETSI 总部在法国南部的尼斯，所以 ETSI 所适用的法律为法国法。

第三节 英国国家标准的著作权政策

英国的国家标准化组织为英国标准协会（British Standards Institute，BSI），成立于1901年1月，是世界上第一个国家标准化组织。其由英国土木工程师协会为了规范钢铁标准化问题而成立，最初名为英国工程标准委员会。目前，BSI 标准部已有1 350余个委员会、近万名委员会成员。❸ 与 ISO 不同，BSI 除了制定和认可标准之外，还提供标准的培训、认证等服务，业务范围横跨150多个国家，诸如在我国北京就有"英标管理体系认证（北京）有限公司"。BSI 同时是 ISO、IEC、ITU 等国际标准化组织的成员，也同时是 CEN、CENELEC 和 ETSI 等欧洲标准化组织的成员，所以 BSI 也同样执行前述国际标准和欧洲标准相关的著作权政策。鉴于英国属于典型的著作权法体系国家，为表述的准确，本节称呼其为标准的著作权政策，以

---

❶ ETSI Rules of Procedure Annex 6: ETSI Intellectual Property Rights Policy, Clause 11.

❷ ETSI Guide on Intellectual Property Rights, 2.1.4

❸ http://www.bsigroup.com，2014年5月9日访问。与委员会成员对应的是订阅成员。

替代著作权政策等作者权体系的表述。

BSI 所制定和认可的标准为英国国家标准，简称为 BS。BSI 为其标准著作权的商业政策所制定的规则也以国家标准的形式出现，即 BS 0。BS 0 自 1974 年开始公布，历经数版，目前适用的版本为 2011 年版，即 BS 0：2011《BSI 标准出版物：关于标准的标准——标准的原理》（BSI Standards Publication: A Standard for Standards —Principles of Standardization）。同时 BSI 在其组织的标准相关培训中也有关于其标准著作权政策的内容。其著作权政策大致包括以下几点。❶

（1）与国际标准和欧洲标准著作权政策的关系。BSI 作为各种国际标准化组织和欧洲标准化组织的成员，需要执行国际标准化组织和欧洲标准化组织的著作权政策。BSI 的著作权政策是在执行前述著作权政策的前提下进行的。

（2）著作权的归属。依据 BS 0：2011，标准制定过程中的人产生的任何新作品（新标准及其草案等）都享有著作权，这些著作权排他地、不可撤回地转移给 BSI 或其他国际或欧洲标准化组织。BSI 允许参与制定标准的委员会成员在特定条件下保留部分著作权，但需要满足两个条件：一为这种保留不能对 BSI 标准的制定和发布有不利影响；二为委员会成员可以使用这种保留但不得引用整个标准。所以，BSI 可以在 BS 0：2011 中宣称，标准出版物中的所有数据、软件和文件都受到著作权的保护，著作权或著作权的许可归 BSI 享有。即使其中一些信息的著作权归属于他人，该他人也已经授权 BSI 商业性

---

❶ BS 0：2011 BSI Standards Publication: A standard for standards —Principles of standardization, 9.5.1

地出版和使用该信息。虽然如此，但原则上 BSI 并不对标准所涉及的基础著作权进行检查。

（3）著作权的公示。与 ISO 等标准化组织相同，BSI 在其标准等出版物（封面或封底等处）上都附有著作权声明和相关条款。

（4）著作权的利用与限制。与其他标准化组织相同，为了保证标准的制定，在标准制定过程中，委员会成员被授权使用 BSI 出版标准的相关内容。而这些委员会成员在制定过程之外的使用，则需要经过 BSI 的批准，并可能交付费用。

（5）与政府部门签订谅解备忘录。因为官方文件不受著作权法的保护，所以 BSI 制定的标准一旦被全文引用到官方文件之中将丧失著作权。政府通过准立法行为制定技术法规本身会涉及大量标准。所以，尽量避免在技术法规等官方文件中出现，成为 BSI 保护其著作权的一个重点。不可否认，技术法规可以通过法律强制力保障相关标准的实施，这是标准本身所不具备的优势。所以在 BSI 与英国政府利益直接冲突的背景下，二者达成妥协。1982 年英国政府白皮书和 BSI 与英国政府签订与其标准相关的备忘录中，对该问题作出过明确表述。英国政府承诺各级政府部门不再制定标准，在技术法规中原则上引用或采用 BS 标准而非在官方文件中复制 BS 标准。

第四节　德国国家标准著作权政策

德国标准化学会（Deutsches Institut für Normung, DIN）是德国国家标准化组织，也是 ISO 等国际标准化组织、CEN 等欧洲标准化组织在德国的成员，总部设在柏林。DIN 成立于 1917

年12月，最初名为德国工业标准协会（NADI），1975年5月改名为DIN。目前，DIN成员已有71个标准委员会，约1 800个成员。❶

德国是典型的作者权体系国家，作品之上的著作权由作为自然人的作者原始取得。但由于整个标准制定和利用都需要统一著作权的归属，所以作为自然人的作者必将其控制标准的权利转移给DIN。德国的著作权体系虽然区分著作人格权和著作财产权，但是采纳一元论的观点，著作人格权与著作财产权被认为是不可分割的整体。因为著作人格权不能转让，所以著作财产权也不能转让。故在德国著作权的法律背景下著作权的利用只能采用许可的方式。

DIN通过与起草标准的专家（作者）之间签订合同，获得该标准的独占许可；同时，作者在合同中承诺搁置作为作者的一切权利，包括署名权、保持作品完整权等权利。与前述其他的标准化组织不同，DIN本身并不出版标准等出版物，其授权Beuth出版社（Beuth Verlag GmbH）进行出版发行等著作权的利用；购买标准等事宜也是公众向该出版社购买。Beuth出版社在出版发行中也制定了一系列著作权利用方面的规则，诸如文学利用或广告利用的复制、标准的翻译、为内部与商业交易使用而复制、因教育目的而复制等方面。当然，作为ISO、CEN等标准化组织的成员，DIN同样必须在国际标准著作权政策和欧洲标准著作权政策的前提下允许Beuth出版社制定实施著作权利用的商业政策。

---

❶ http：//www.din.de，2014年5月15日访问。

第四章　外国国家及区域标准著作权政策

（1）复制方面。对 DIN 的复制（包括出版❶在内）需要向 DIN 法务部门提交书面申请。DIN 标准的全文引用或者包括段落序号、图表的部分引用都需要经过 DIN 书面许可。除此之外，其他的对标准的部分引用则不需要经过许可。除了上述通用规定外，下面列举几种具体情况：首先，如果这种复制是内部使用，那么复制件不得出售或免费向第三方提供。DIN 成员因为付了年费，所以可以免费内部使用 DIN 标准；非 DIN 成员的内部使用需要获得 DIN 的另行许可并另行交纳费用。其次，如果这种复制是作为文献使用（诸如货物交易、专家观点或会议文件中使用），则仍需向 DIN 申请获得批准后交纳许可费。此外还有一些细节性的规定，诸如：DIN 标准在其出版 6 个月以内不会许可第三方对其全文复制；第三方通过网络散发 DIN 标准是不被允许的；被授权出版的 DIN 标准，DIN 无保证其准确的义务等。❷

（2）教育目的的复制。DIN 著作权政策中，以教育为目的的复制从复制的统一规定中独立出来进行了单独规定。DIN 宣称以教育为目的的各种形式的复制，不论全部还是部分，不论逐字逐句的复制还是实质相同的复制，都需要经过许可授权并交纳一定费用。许可之后，复制件的份数也是被严格限定的。有一项例外：复制件在学生使用完后返还给教师，这种情况下 DIN 将不收取费用。当然，以教育为目的的使用，DIN 在费用

---

❶ Notice of copyright 1：Reproduction of DIN Standards in Literature and for Advertising Purposes, *Deutsches Institut für Normung e. V.*, January 2011.

❷ Notice of copyright 3：Reproduction of DIN Standards for in-House Purposes, Use in Internal Networks, Documentation in Business Transactions, *Deutsches Institut für Normung e. V.*, January 2011.

上会有一系列的优惠，例如如果学生使用完后不返还教师而自己保留，那么 DIN 会有二折的优惠。另外，在以教育为目的的复制中，DIN 并不为此种复制的精确性负责。❶

（3）翻译方面。DIN 保留 DIN 标准的翻译权（通过 Beuth Verlag 行使），但是 DIN 倾向于授权他人翻译 DIN 标准。DIN 标准的全文翻译或者包括段落序号、图表的部分翻译都需要经过 DIN 书面许可。除此之外，其他的对标准的部分翻译则不需要经过许可。当然，即使翻译本身可以不经过许可，对译文的复制也需要另行许可。由于 DIN 标准官方语言是德文，所以最重要的翻译是 DIN 标准的英文版本。故这种翻译的规定主要针对的是英文版本的翻译。此外，对 DIN 标准的翻译还有一些细节性的规定，诸如其形式上不能被误以为是官方译文，因为官方译文需要单独授权；DIN 需要被提供一份译文的复印件。❷

第五节　日本国家标准著作权政策

日本最具影响力、最权威的国家标准是日本工业标准（Japanese Industrial Standards，JIS）。制定和认可 JIS 标准的标准化组织为日本国家标准化组织，即日本工业标准调查会（日本工業標準調査会，Japanese Industrial Standards Committee，JISC），其是依据日本工业标准化法而建立的全国性质的标准化组织。JISC 的前身是 1921 年工业品规格统一调查会（JESC）。1949 年《日

---

❶ Notice of copyright 4: Reproduction of DIN Standards for Educational Purposes, *Deutsches Institut für Normung e. V.*, January 2011.

❷ Notice of copyright 2: Translation of DIN Standards, *Deutsches Institut für Normung e. V.*, January 2011.

本工业标准化法》（《工業標準化法》）开始实施，并依据该法成立了日本工业标准调查会。依据《日本工业标准化法》第3条，日本工业标准调查会为日本经济产业省中设置的政府部门，其工作人员（诸如委员、临时委员和专门委员等）为国家公务员，适用《日本国家公务员法》。日本工业标准调查会是JIS标准的主管机关，负责制定和审议JIS标准和JIS标志，并由主管大臣代表国家进行公布。目前，JISC是日本在ISO和IEC的代表。[1]

2002年（平成十四年），JISC标准部通过了《日本工业标准等著作权处理政策》（《日本工業規格等に関する著作権の取扱方針について》）的决议。JISC的著作权政策主要文件为该决议。JISC的著作权政策大致包括了以下内容。[2]

一般而言，JIS标准的著作权归属有以下几种情况：如果标准为作为政府部门的JISC（主管大臣）起草，那么该标准的著作权归日本国政府（主管大臣）享有；如果标准由利害关系第三方起草，那么该标准的著作权由该利害关系第三方享有；如果标准由JISC和第三方合作或JISC委托第三方起草，那么著作权的归属通过合同约定——约定为日本国政府（主管大臣）享有则为日本国政府（主管大臣）享有，约定为第三方享有则为第三方享有。因为标准在制定的过程中会不断地修改，这时适用的是"在先原则"——JISC或利害关系第三方对其修改的，则对修改部分享有著作权；对修改后的标准著作权

---

[1] http://www.jisc.go.jp/，2014年5月17日访问。

[2]《日本工業規格等に関する著作権の取扱方針について》，平成十四年三月二十八日日本工業標準調査会標準部会議決，平成十四年四月二十四日適合性評価部会議決。

的利用必须尊重并不得侵犯修改前的标准的著作权。当然享有著作权的文件不限于 JIS 标准及其草案，还可以延伸至技术报告。

虽然依据该文件存在 JIS 标准的著作权归属日本国政府或主管大臣的情况，但是鉴于主管大臣属于国家公务员，制定、修改和发布标准的行为属于公务行为，所以适用日本著作权法中关于职务作品的规定，著作权仍归日本国政府享有。所以，在日本存在作为政府部门的 JISC 既制定和认可标准又享有标准著作权的情形。这一点基于日本著作权法是允许的，日本国政府可以作为法人享有 JIS 标准的著作权。❶ 同时，基于日本著作权法，国家享有著作权时会受到相当多的限制，诸如可以在报纸、杂志或者其他出版信息资料上转载。❷

不过，对于日本国政府对其公布标准享有著作权的行为，日本学界亦有非议：其认为应当参考《日本著作权法》第 13 条的规定，将 JIS 标准解释为不享有著作权的对象——"国家或地方公共团体机关、独立行政法人或地方独立行政法人发布的告示、指示、通知等"。❸

---

❶ 著作权国有则归入公有领域仅限于无人继承著作权的情形。参见《日本著作权法》第 62 条无人继承时著作权归国库所有而消灭的情形。

❷《日本著作权法》第 32 条："国家或者地方公共团体机关、独立行政法人或者地方行政法人为了让公众知晓而制作并以其名义发表的公共关系资料、统计资料、报告和其他类似作品，作为说明资料可以在报纸、杂志或者其他出版信息资料上转载。"转引自《十二国著作权法》，清华大学出版社 2011 年版，第 377 页。

❸ 鳥澤孝之："国家規格の著作権保護に関する考察——民間団体が関与した日本工業規格の制定を中心に"，載《知財管理》Vol. 59, No. 7（2009.7）。由于 JISC 制定和认可标准的行为并非行使公权力的行为，所以依据目前的日本著作权法的规定，JIS 标准仍然享有著作权。

第五章　外国学会标准著作权政策

制定学会标准的国外标准化组织的称呼各不相同，有的为协会（Society），有的为学会（Institute）。但从该标准及其著作权政策而言，协会与学会仅为称呼不同，并没有本质区别。为统一表述，本书将其制定的某行业领域范围内的标准称为学会标准。由于一国之内的学会较多，本章也只能选择性地介绍。

第一节　美国学会标准的著作权政策

美国国家标准学会（ANSI）本身并不制定标准，也就不享有标准的著作权。美国的国家标准及其学会标准都由该行业的学会（协会）制定，而著作权也归制定该标准的学会（协会）享有。诸如美国材料试验协会（ASTM）制定材料、产品、系统、服务等领域的特性和性能标准，以及试验方法和程序标准；电气和电子工程师学会（IEEE）制定电气、电子领域的标准；美国机械工程师协会（ASME）制定机械领域的学会标准；美国机动工程师协会（SAE）制定汽车、摩托车等领域的学会标准；美国石油学会（API）制定石油生产、炼制、测量、安全等领域的学会标准。由于美国可以制定标准的学会众多，本书也仅以几个具有代表性的学会为主进行介绍。

一、ASTM（国际）

美国材料试验协会（American Society for Testing and Materials，ASTM）是美国乃至世界上规模最大的学会标准的标准化组织之一，负责制定材料、产品、系统、服务、程序等标准的非营利性组织。1898 年，ASTM 成立于美国费城。2001 年，ASTM 更名为 ASTM 国际（ASTM International），将业务范围扩展至全球，在全球范围内推广 ASTM 标准。虽然 ASTM 改名已有十余年，但习惯上仍称 ASTM 国际为 ASTM。目前，ASTM 已有超过 125 个国家的 3 万多会员，包括制造商、消费者、政府和学术机构等。❶ ASTM 标准的著作权政策主要规定在 ASTM 制定的《ASTM 国际的知识产权政策》（*Intellectual Property Policy of ASTM International*）这一文件之中。依据该文件，其著作权政策大致包括以下内容。❷

（1）著作权的对象。著作权政策所针对的对象为 ASTM 标准、标准草案、相关文件、ASTM 出版物、任何形式的邻接权对象（录像、录音等）、培训材料以及其他书面材料（诸如说明书、技术类期刊等）。由于美国著作权法仅保护固定在有形载体上的作品，所以 ASTM 著作权政策中的对象必须固定在有形载体之上。当然，不论是打印、电子还是其他形式都属于有形载体的形式。不可否认，在各种对象中，最主要的对象是 ASTM 标准及其出版物。

---

❶ http://www.astm.org，2014 年 5 月 21 日访问。

❷ ASTM, *Intellectual Property Policy of ASTM International*, Originally Approved 28, April 1999, As amended by the ASTM International Board of Directors, October 28, 2003.

（2）适用主体。该著作权政策适用于 ASTM 雇员、成员、主管、参与者、分销商以及任何 ASTM 标准制定、适用、出版、利用或分销的相关方（依据本政策目的解释）。由于适用主体规定得相当广泛，所以 ASTM 著作权政策所涉及的主体都会受到 ASTM 著作权政策的影响。

（3）著作权的归属。以 ASTM 标准为代表的各种权利对象之上的著作权归 ASTM 享有。在起草标准等过程中，所有参与 ASTM 技术委员会等组织的起草者必须承认其著作权转移给 ASTM。一旦 ASTM 提出请求，参与起草的专家、委员会成员必须同意转让包括著作权在内的所有相关的权利。同时，这种转让是永久的、没有期限限制的。

（4）著作权的保护。ASTM 宣称其所有的任何知识产权都受其管理和保护，不论是打印、电子还是其他形式。ASTM 保留一切依据著作权法所享有的权利，并可对其管理和处分。网络技术越来越发达，导致实施和保护 ASTM 著作权越发困难，所以 ASTM 宣称打印、上传、下载、复制、传播 ASTM 的知识产权都需要经过 ASTM 事先许可。

（5）对第三方的知识产权。ASTM 在公示和保护自身著作权等知识产权的同时也宣称 ASTM 及其成员必须尊重第三方享有的任何知识产权。另外，ASTM 还公开表明了一种倾向：在 ASTM 标准制定过程中尽可能不将第三方所有的专利、信息或其他材料包含在标准之中；如果不得已，则适用 ASTM 的专利政策等相关政策（诸如专利权人不得无故不许可专利等）。

二、IEEE

电气和电子工程师学会（Institute of Electrical and Electronics Engineers，IEEE）是美国乃至世界上规模最大的学会标准的标准化组织之一，负责电气、电子、工程学、计算机、通信等领域（近年来扩展至航空航天、生物科技、新能源、神经网络领域）标准化工作、认证和培训的非营利性机构。IEEE 的前身是成立于 1884 年的美国电气工程师协会（AIEE）和成立于 1912 年的无线电工程师协会（IRE）。1963 年，这两个协会合并成立了目前的 IEEE。与 ASTM 类似，IEEE 也发展成为在全球范围内开展标准化及其认证培训工作的非营利性组织。其与 ISO、IEC、ITU 等国际标准化组织也开展广泛的合作。截至 2012 年年底，IEEE 已有来自 160 多个国家的 40 万余名会员。在我国，IEEE 也有超过 1 万名会员。❶

IEEE 标准由其标准协会（IEEE Standards Association，IEEE-SA）负责。IEEE 的知识产权政策主要规定在 IEEE-SA 标准委员会章程（IEEE – SA Standards Board Bylaws）之中。目前该章程最新版本为 2013 年 12 月版本。该章程第 6 条为 IEEE 专利政策，第 7 条为 IEEE 著作权政策。其著作权政策大致包括以下内容。❷

（1）著作权政策的原则。IEEE 的著作权政策有三个一般性的原则：一是促进 IEEE 信息的可接触性、发行和利用，并将其视为 IEEE 和 IEEE-SA 的主要目标之一；二是上述原则的行使在著作权保护下进行，IEEE 必须保证制定标准参加者的利益；三是 IEEE 标准涉及第三方著作权时，对其恰当的付费是 IEEE 标准制定的成本之一。

---

❶ http：//www.ieee.org，2014 年 5 月 21 日访问。
❷ http：//standards.ieee.org，2014 年 5 月 22 日访问。

（2）著作权的对象。IEEE 对其所有的"作品成品"（Work Product）都享有著作权。这里，IEEE 将"作品成品"界定为对所有的最终标准、标准草案等作品有贡献的参与者的工作集成或汇编作品。当然，这里的参与者要对"作品成品"的贡献全权负责，保证没有著作权等权利瑕疵。

（3）著作权的归属。IEEE 对其制定的 IEEE 标准享有著作权。他人未经许可不得对其进行利用。在标准起草的过程中，参与者都必须承诺将其对 IEEE 标准的贡献所产生的著作权转让给 IEEE。这样，IEEE 基于合同获得了 IEEE 标准的著作权。

（4）对第三方的著作权。IEEE 的著作权政策中承认了公有领域（Public Domain）的概念：那些已经处于公有领域的知识，不享有著作权，任何人都可以自由利用。而对于非公有领域的知识，则会涉及第三方的著作权问题。这里 IEEE 区分是否公开发表（Published）而给予不同对待。这里所谓公开发表，就是指对 IEEE "作品成品"有贡献的材料之上有着明显的著作权要求（诸如©）。

对于那些已经公开发表且非公有领域的知识，如果其对 IEEE "作品成品"有贡献，则应当事先获得著作权人的著作权许可。许可形式上应当包括专门将其作为材料用于 IEEE 标准以及对其计划的使用方法和内容。对于那些没有公开发表且非公有领域的知识，IEEE 则获得非专有的、不可收回的、世界范围内的普通许可。在这个许可之下可以在 IEEE 标准的制定过程中使用这些知识；如果该标准正式通过，那么 IEEE 有权对 IEEE 标准进行利用和授权，而不受原知识的权利人的制约。作为一项普通许可，这些未公开发表的知识的著作权仍然属于其著作权人，并不转移给 IEEE。

三、ASME

美国机械工程师协会（American Society of Mechanical Engineers, ASME）是美国负责机械工程方面的标准化、技术刊物的出版以及相关培训的非营利性组织。ASME成立于1880年，总部设在纽约。目前，ASME已有来自150多个国家的13万余名会员，其出版机构也是世界上最大的技术出版机构之一。从最初制定的螺纹标准到现在，ASME已经制定了关于锅炉、电梯、机床、核能、管道等领域安全和效率的将近600项标准。❶ ASME标准的著作权政策主要规定在《ASME著作权一般性指南》（General ASME Copyright Guidelines）和《ASME电子著作权指南和程序》（ASME Electronic Copyright Guidelines and Process）之中，其大致包括如下内容：

（1）著作权的归属。所有的ASME标准的著作权都归属于ASME，对ASME标准的影印、翻版、节选等利用都需要向ASME提交书面申请。对于ASME标准所利用的他人的著作权，ASME要求作者或著作权人将其著作权转让给ASME——例外是美国政府享有的著作权以及不能作为著作权对象的官方文件。

（2）著作权的利用。为了获得ASME著作权的许可，需要向ASME递交书面申请。向ASME提交的书面申请必须包含一定的信息。这些要求信息根据利用著作权方式的不同会有所不同。如果是影印，则必须包括标准标题、版本年份、信息与原文一致（包括页码）、影印的份数、复制的目的、发行对象；

---

❶ http://www.asme.org，2014年5月23日访问。

如果在其他作品中再现，则需要包括标准标题、版本年份、信息与原文一致（包括页码）、引用 ASME 标准的作品（新作品）标题及其作者、新作品的形式及其份数、新作品发表的语言；如果是电子版本的许可，则需要包括标准标题、版本年份、信息与原文一致（包括页码）、被利用的程度、网站数量等。

（3）电子形式著作权转让的特别规定。对于第三方享有的著作权（电子版形式）向 ASME 转让的情形，ASME 作出了专门的规定。诸如提交的摘要中，通信作者❶应当加入所有的合作作者的信息，包括地址、电话等；一旦在标准草案中某作品被引用，其通信作者就不能改变作者排序和论文标题。这种电子著作权形式发生的著作权让与将十分便捷，ASME 宣称只需要占用 30 秒或更少的时间。

四、ASCE

美国土木工程师协会（American Society of Civil Engineers，ASCE）是美国负责土木工程领域的行业协会，成立于 1852 年 11 月 5 日，也是美国最古老的国家专业工程师协会。目前 ASCE 已有来自 159 个国家的 14 万余名会员，其出版机构也是目前世界上最大的土木工程领域的出版机构。❷

ASCE 同时也负责在土木工程领域方面的标准制定。大致而言，ASCE 标准的制定需要在 ASCE 规范与标准委员会

---

❶ 通信作者为该论文（课题）的总负责人，也是对论文的内容、质量全面负责的人，但其本身并非论文的直接撰写者。通信作者主要在理工科领域的论文中广泛存在。

❷ http://www.asce.org/，2014 年 5 月 25 日访问。

(the Codes and Standards Committee，CSC）管理之下，由同行业专家达成一致意见来完成。ASCE 标准经 ANSI 认可，可成为美国国家标准。目前，ASCE 已经制定出版将近 60 项 ASCE 标准。ASCE 对 ASCE 标准有着严格的规定，诸如要求其标准应当按照 8.5 英寸 ×1.1 英寸大小印刷、内容黑白、封皮彩色等。ASCE 关于著作权的规定所适用的模型是其作为出版机构获得图书或期刊论文作者的著作权的相关问题。对 ASCE 标准著作权的归属问题，ASCE 规定较少，主要认为 ASCE 标准著作权的归属适用美国雇佣作品的规则，即由 ASCE 享有著作权。

第二节 欧洲学会标准的著作权政策

美国国家标准化组织的弱势是本身并不制定标准，相应的美国学会（协会）承担着大量的标准化职责，也制定相应的著作权政策。与此相反，欧洲存在强势的欧洲标准化组织和各国的国家标准化组织，二者都可以自行制定标准；对应的各国的行业学会（协会）往往不承担制定标准的职责，而仅为同行业者自治的非营利性组织，主要开展相关的学术交流、业务培训、资格认定乃至图书期刊的出版发行等工作。例如英国土木工程师学会（Institution of Civil Engineers，ICE），英国机械工程师学会（Institution of Mechanical Engineers，IMechE），英国皇家造船工程师学会（Royal Institution of Naval Architects，RINA），法国环境与能源协会（Agence de l'Environnement et de la Maîtrise de l'Energie，ADEME），法国汽车、自行车和摩托车技术联盟（Union Technique de l'automobile，cycle and motorcycle，UTAC），德国钢铁联盟（die Wirtschaftsvereinigung Stahl，WV Stahl）等学会（协会）组织。这些学会或协会在国家和欧洲标准制定过程中会有人员参与，但其本身并不制定自身的学会标准，而仅仅收集整理本学会相关的标准。但也有少数学会制定自身的学会标准，本节以德国工程师协会为代表进行介绍。

德国工程师协会（Verein Deutscher Ingenieure，VDI）是德国最大的工程师与自然科学家协会，也是西欧最大的工程师学会，其涵盖工业、教育等领域的标准化、培训和出版等业务。作为工程师的学会组织，VDI 同时也代表工程师的利益进行游说。VDI 成立于 1856 年 5 月 12 日德国的萨克森－安哈特州（Alexisbad）的一个小镇上。截至 2013 年，VDI 注册会员已超过 15 万。VDI 标准部负责制定 VDI 标准（VDI‐Richtlinien），其第一个 VDI 标准制定于 1884 年，用于测试蒸汽锅炉。目前，VDI 已制定 2 000 多个 VDI 标准。❶ 对于 VDI 标准，基于德国著作权法，VDI 对其的著作权政策主要集中在 7 个声明（Merkblatt）之中。从 Merkblatt 1 到 Merkblatt 7 分别规定了复印纸复印、文学教育使用、电子形式的利用等诸多情况。

（1）著作权的归属。VDI 标准的著作权归属于 VDI。VDI 标准受到著作权的保护。

（2）著作权的利用。与 DIN 相同，VDI 并非自己出版标准，而是通过其他出版社进行出版。VDI 和 DIN 所授权的出版社相同，都是 Beuth 出版社。购买 VDI 标准时在一定条件下会有一定优惠。诸如，如果是 VDI 会员，则会有九折的优惠。如果需求量大（同一标准 10 份以上），则有八折到五折不等的优

---

❶ http：//www.vdi.de，2014 年 5 月 26 日访问。

惠（如表 5 – 1 所示）。如果是许可他人自行复制发行，则也会依据份数等条件来定价，同时又有最低价格 100 欧元。

表 5 – 1　购买 VDI 标准的优惠

购买份数（份）	优惠（%）
≤9	100
≥10	80
≥25	70
≥100	60
≥500	50
≥1 000	协定

（3）复制。对 VDI 标准的复制有一些一般性的规定。诸如简短的引用不视为对 VDI 标准的部分复制；对 VDI 标准的部分复制不能超过 VDI 标准的 1/3；对 VDI 标准的复印申请只在 VDI 标准公开 12 个月后才会被受理；对 VDI 标准的复印需要进行书面申请；新版本标准与旧版本视为不同标准，需要另行申请；一般情况下，对 VDI 标准的复印针对的是最新版本，不包括旧版本和草案；所有对 VDI 标准的复印件都需要附加声明"Reproduced with the permission of the Verein Deutscher Ingenieure e. V."或者"Wiedergegeben mit Erlaubnis des Verein Deutscher Ingenieure e. V."。

（4）通过 VDI 专门复印纸的复印。利用 VDI 专门复印纸对 VDI 标准进行复印有如下要求：仅限于内部使用或个人目的使用；对 VDI 标准的部分复印需要有该标注的标题页；

VDI 专门复印纸通过向 VDI 购买获得，收费如下：最低购买量为 500 张，每张 0.51 欧元；超过 1 000 张，每张 0.46 欧元；超过 3 000 张，每张 0.41 欧元；超过 6 000 张，每张 0.36 欧元。❶

（5）以文学、广告、教育为目的的复印。在个别情况下（以文学、广告、教育为目的），基于书面申请，VDI 可授权复印发行 VDI 标准。所谓文学目的，即在图书或期刊中再现，或者作为论文的一部分，同时不以广告和教育为目的；所谓广告目的，即在产品目录手册或类似的材料中再现；所谓教育目的，即由国家或国家认可的机构作为学习材料出版，或者举办研讨会发行的学习材料等情况。如果同一次复印有数个目的，那么以最主要的目的进行许可费的计算。这三者的许可费并不相同：文学目的许可费 = 原价 × 2% × 份数；广告目的许可费 = 原价 × 4% × 份数；由国家或国家认可的机构作为学习材料出版的许可费 = 原价 × 20% × 份数；举办研讨会发行的学习材料使用的许可费 = 原价 × 35% × 份数。❷

（6）翻译。VDI 享有将 VDI 标准翻译成外文的权利，他人翻译 VDI 标准前需要书面申请经过 VDI 的许可并提供翻译的标准名单。翻译者享有译文的著作权，同时也会被 VDI 授权该国 VDI 标准的销售。当然他人提交翻译 VDI 标准的书面申请获得授权的情况是个案，而非普遍（VDI 一般制订翻译的计划，不在计划内的才会授权他人翻译）。VDI 标准的官方发布语言为

---

❶ Merkblatt 1：Kopieren von VDI – Richtlinien auf speziellem VDI – Kopierpapier.

❷ Merkblatt 2：Abdruck/Vervielfältigung von VDI – Richtlinien für literarische, werbliche oder unterrichtliche Zwecke.

德文和英文，其中德文最权威。所以译文必须是将德文翻译成其他语言。将德文版本的 VDI 标准翻译成其他语言必须保证内容的准确以及较高的翻译水准。此外，就译文的外观而言，不得使读者误以为是 VDI 的官方译文。翻译许可的费用是该标准原价的 2 倍，最低不低于 100 欧元。译文最多可以内部使用 100 份，超过份数需要额外付费，价格为原价的 25%；如果以商业使用为目的进行的翻译则，全部以原价的 25% 付费。最后翻译的版本必须附加固定格式的获得授权的声明。❶

（7）电子形式的利用。所有的 VDI 标准都具有电子版本。电子版本的 VDI 标准与纸质版本的受到同等保护。电子版的 VDI 标准获取方式是在 Beuth 出版社的网站上下载，或者订阅光盘（CD - ROM）。其中，在光盘中的 VDI 标准除了标准原文外，还含有一个简短的说明提供标准目录和内容信息。❷ 如果内部网络使用电子形式的 VDI 标准，使用者需要交纳年费。年费因该内部网络的员工人数的增加而增加，因使用标准的数量增加而增加。2014 年的价目如表 5 - 2。❸

---

❶ Merkblatt 3：Übersetzung von VDI - Richtlinien in Fremdsprachen. 所附的声明为 "Diese Übersetzung ist vom Verein Deutscher Ingenieure e. V. （Düsseldorf/Deutschland）lizenziert，aber nicht geprüft worden. Verbindlich für den Inhalt der VDI - Richtlinie ist die deutsche Fassung." 或者 "This translation has been licensed by Verein Deutscher Ingenieure e. V. （Duesseldorf/Germany）but has not been examined. The German version is the official version as regards content of the VDI Standard."

❷ Merkblatt 4：Verfügbarkeit und Nutzung von VDI - Richtlinien in elektronischer Form.

❸ Merkblatt 5：Einspeisen von VDI - Richtlinien in firmeninterne Netze.

表 5-2 2014 年网络使用 VDI 标准年费

员工数（人）	50 项标准以内（欧元）	51 项标准以上（欧元）
1～50	400	560
51～150	600	840
151～500	930	1 310
501～1 500	1 390	1 960
1 501～3 000	2 100	2 920
3 001～8 000	3 140	4 400
8 001～20 000	4 580	6 420
20 001～50 000	6 860	9 620
50 001～100 000	10 380	14 390
100 001～200 000	15 450	21 630
≥200 001	23 140	32 330

第三节 日本学会标准的著作权政策

日本国家标准化组织是日本工业标准调查会（JISC），其为日本经济产业省下属的国家机构。在日本，作为政府机构的标准化组织规模不大，大量的 JIS 标准通过认可而非制定实现。这里认可的 JIS 标准大多为日本行业学会起草制定的学会标准并向 JISC 推荐通过而形成。这些原学会标准的著作权政策也同时是日本国家标准的著作权政策；同时，日本各种行业学会自身也制定一系列的学会标准，这些学会标准所适用的著作权政策也即该标准的著作权政策。不同学会制定不同的学会标准，日本各行业标准化组织如表 5-3 所示。

表 5-3　日本各行业标准化组织

行业	标准化组织
汽车	自動車技術会（JSAE）
电子机器	電子情報技術産業協会（JEIT）
化学	石油化学工業協会（JPCA）
钢铁	日本鉄鋼連盟（JISF）
物流	物流センター（EDI）

由于日本学会及学会标准众多，本书仅以 JASO 标准为例进行介绍。JASO 标准是日本的汽车学会标准，由日本汽车工程师协会制定。日本汽车工程师协会（公益社团法人自動車技術会，Society of Automotive Engineers of Japan，JSAE）是由汽车技术的研究者、学生等人组成的公益社团法人。JSAE 成立于 1947 年 2 月 1 日，旨在"弘扬科学文化，壮大工业经济，并通过进一步提高人们的生活质量发展汽车科技"。目前，JSAE 已有个人会员 4 万余名、法人会员 500 余名。JSAE 的主要职责有组织调查研究、研讨会、汽车工程博览会以及出版、标准化、与相关组织交流合作等。JSAE 中制定汽车行业标准的部门为日本汽车标准组织（Japanese Automotive Standards Organization，JASO）。JASO 制定的标准即 JASO 标准。JASO 内部组织机构严密，按不同专业设立了相应的技术委员会、部会，包括车身、底盘、电气、发动机、表面处理等共 8 个。每个部会内部，又根据具体研究内容设立了分技术委员会、分科会。其主要工作有：组织日本汽车行业的标准化工作，组织制订/修订 JASO 标准，使之作为技术先行，为制定 JIS 标准作准备；接受 JISC 的委托，组织日本汽车界的有关团体、协会制订/修

订 JIS 汽车标准等。❶

JSAE/JASO 的著作权政策主要规定在《公益社団法人自動車技術会著作権規則》之中。该规则最初版本为 1991 年制定，目前生效的版本是 2011 年 4 月 26 日实施的版本。主要包括以下内容。❷

（1）著作权的对象。JSAE 著作权政策的对象是 JSAE 出版物中的作品。这里的出版物既包括纸质版本，也包括 JSAE 网站上的电子版本。当然 JSAE 出版物中的作品包括但不限于 JSAO 标准，也包括调研报告、论文、文章等。

（2）著作权的归属。著作权原始归属于作者，但如果 JSAE 所编辑或创造的作品抑或是对原作品的演绎，著作权财产权归 JSAE。即使原始归属于作者的著作权，作者也需授权 JSAE 在国内外的免费使用、分许可等权利。

（3）著作权的限制。这种限制主要针对作品的原始作者，是 JSAE 对其参与成员权利的限制。首先是著作人格权。日本著作权法中著作权包括著作财产权和著作人格权，著作人格权只能自然人享有。对于原始作者的著作人格权，JSAE 规定其不得对 JSAE 行使著作人格权。这种限制同样适用于演绎作品和 JASO 标准中所涉及的其他作品。其次是处分权的限制。原始作者未经 JSAE 的允许，不得对其著作权行使让渡、转移、设定担保等任何方式的处分。

（4）著作权的利用。对 JSAE 著作权的利用需要向 JSAE 提交书面申请。即使是作者自身的利用也需提交书面申请。只

---

❶ http://www.jsae.or.jp，2014 年 6 月 3 日访问。
❷ 《公益社団法人自動車技術会著作権規則》。

要不与 JSAE 的目的、目标相违背,这种申请 JSAE 应当许可。当然在著作权限制的范围内或是仅为数字、图表等情况的使用时,这种利用不需要经过 JSAE 的许可。作者以外的第三方同样需要获得 JSAE 的许可,不同的是第三方需要支付许可费。

(5) 对第三方的知识产权。JSAE 要求原始作者保证不侵犯第三方的知识产权,包括著作权、专利权、实用新型权、外观设计权、商标权和域名权等。如果引自第三方,原始作者需要注明出处。

第六章 我国国家标准著作权政策

世界各国的国家标准化组织的模式各不相同。美国行业学会标准组织发达，而美国国家标准学会 ANSI 则弱小，只认可而不制定标准；欧洲国家标准组织发达，相应的行业学会标准组织则较为弱小；日本则介于二者之间，同时，日本国家标准组织日本工业标准调查会 JISC 兼具行政机构色彩。我国国家标准在模式上接近日本，但是与日本的国家标准及其著作权政策又有很大差异。总体而言，我国国家标准的著作权政策并不明朗，并不像外国标准化组织有着明确的著作权商业政策的规范性文件。所以，我国国家标准的著作权问题会涉及对不明确条文的学理解释以及具体案件的处理。也正是因为我国的国家标准著作权政策不明朗，所以不同学者的解释会有很大差异。

我国 1988 年颁布《中华人民共和国标准化法》（以下简称《标准化法》），至今未作修订，该法律为我国标准化领域的核心规范之一；1990 年，国务院颁布《中华人民共和国标准化法实施条例》（以下简称《标准化法实施条例》），至今也未修订，该行政法规也是我国标准化领域中的核心规范之一。此外，具备法律效力的规范性文件还有原国家技术监督局、原新闻出版总署 1997 年颁布的部门规章《标准出版管理办法》、国家标准化管理委员会 2005 年发布的红头文件《标准网络出版发行管理规定（试行）》以及最高院知识产权庭 1999 年发布的《最高人民法院知识产权审判庭关于中国标准出版社与中国劳动出版社著作权侵权纠纷案的答复》，这些文件也对我国国家标准的判断有重要影响。

《标准化法》对我国的标准作出了一系列的规定。比较有影响力的规定是将我国的标准区分为国家标准、行业标准、地方标准和企业标准四级；依据标准的强制力不同又进一步区分为强制性标准和推荐性标准。这些划分直接影响着对标准著作权问题的讨论。

第一节　国家标准

《标准化法》将我国的标准区分为国家标准、行业标准、地方标准和企业标准四级。该法第6条规定："对需要在全国范围内统一的技术要求，应当制定国家标准。国家标准由国务院标准化行政主管部门制定。"这里虽然规定由国务院标准化行政主管部门制定，但是又对"制定"作出扩张解释，并不仅限于"制定"，也包括"认可"。所以一般将该条中的"制定"扩张解释成为"发布"。

基于对《标准化法》第6条规定的解释，学界一般将国家标准界定为国家标准化主管部门批准发布的，在全国范围内统一适用的标准。这里，国家标准的界定主要包含主管部门、批准发布和全国范围内适用三个要素。也正是这三个要素使得国家标准区别于国际标准、行业标准、地方标准和企业标准。

首先是国家标准化主管部门。我国标准化主管部门是中国国家标准化管理委员会（Standardization Administration of the People's Republic of China，SAC)，常被简称为"国标委"。国标委又名国家标准化管理局，受国家质检总局管理，是国务院系统参照公务员法管理的事业单位，受国务院授权履行相应的行政管理工作，统一管理全国范围内的标准化工作。国标委2001年成立，被认为是我国21世纪标准化改革的开端。该要素是国家标准界定的组成中最重要的要素。制定发布标准的组织的级别和影响力也最终决定着该标准的级别和影响力。在我国，国标委是最具影响力、级别最高的标准发布组织，也是我国在ISO、IEC等国际标准制定组织中的中国代表。我国国标委兼具两种身份：一为政府职能部门；一为挂靠政府部门的事业单位。作为政府的职能部门，国标委是一个局级机构，管理全国范围内各类标准的制定和发布，故名为国家标准化管理局。作为挂靠政府部门的事业单位，国标委负责制定发布国家标准，故国标委也是我国的国家标准化组织，代表我国参加国际标准化组织。这种运动员和裁判员身份兼具的现状在国外比较少见，只与日本工业标准调查会较为接近。除了国标委之外，还有部分部委享有制定发布国家标准的"政府职权"。《标准化法实施条例》第12条规定："国家标准由国务院标准化行政主管部门编制计划，组织草拟，统一审批，编号、发布。工程建设、药品、食品卫生、兽药、环境保护的国家标准，分别由国务院工程建设主管部门、卫生主管部门、农业主管部门、环境保护主管部门组织草拟、审批；其编号、发布办法由国务院标准化行政主管部门会同国务院有关行政主管部门制定。"《标准化法实施条例》第12条实际上扩张了我国国家标准制定单位的范围。将国标委的"职权"一定程度上分散到卫生、农业和环保等国务院相关主管部门。诸如国家卫生与计划生育委员会往往会发布一系列食品安全国家强制标准，而不需要经过国标委认可。

其次是国标委批准发布。所有标准的起草者都必须是该领域的专业人员，所以对标准的完成有实质贡献的人不可能以起草标准为业。故起草、制定标准的组织往往存在大量的专业委员会负责相应标准的起草。与日本工业标准调查会类似，作为具备政府机构身份的国标委不可能内设大量的专业委员会等公务员职位，只能授权其他单位或个人起草相应国家标准，或者批准其他单位或个人起草的标准为国家标准。加上标准具有公开性，所以国家标准的完成是以国标委将该标准作为国家标准发布为标志的。因此是否是国标委发布的标准成为区分是否是国家标准的最为重要的依据。当然，该项因素也并非绝对，如前所述，国家卫生与计划生育委员会也有发布国家标准的"职权"，诸如强制性国家标准"GB 29921－2013 食品安全国家标准 食品中致病菌限量"即国家卫生与计划生育委员会单独发布的国家标准。

最后是在全国范围内统一适用。标准的适用范围也是国家标准与国际标准、行业标准、地方标准、企业标准区分的重要考量因素。国际标准往往在全球范围内适用，国家标准在全国范围内适用，行业标准在该行业范围内适用，地方标准在该地方范围内适用，企业标准只在该企业内部适用。标准的适用范围主要依赖于标准制定和发布组织的影响力。故标准的适用范围虽然是判断标准类别的重要依据，但并非绝对。诸如国家标准虽然在全国范围内适用，但适用范围常常局限在某一行业。这时从适用范围上来讲，行业标准与国家标准的适用范围一致也并不罕见。与我国行业标准类似，国外存在学会标准。以美国学会为代表，国外存在全球范围内有影响力的大量学会及学会标准，诸如 ASTM、IEEE、SAE，等等。这些学会标准往往在全球范围内适用，其影响力远大于大部分国家的国家标准。同样，企业标准也依赖于企业的影响力。如果该企业在其所处行业具备一定垄断地位（诸如微软、腾讯等公司），那么其企业标准的适用范围也同样可能超过某些国家标准的适用范围。

国家标准往往具备统一的格式，一般有封面、目次、前言、正文、附录等部分。在标准封面上需要标示标准的层次、标准的标志、标准的编号、被代替标准的编号、国际标准分类号、中国标准文献分类号、标准名称、标准名称对应的英文译名、与国际标准的一致性程度标识、标准的发布与实施日期、标准的发布部门或单位等一些基本信息。

国家标准可以有诸多分类。诸如按照标准化的对象，可以区分为国家技术标准、国家管理标准和国家工作标准；按照标准化对象在生产过程中的作用，可以区分为材料、零部件、工艺、设计维修、产品、检验与试验方法等诸多种类。当然对我国影响最深远的分类是按照标准约束性的强弱而区分的强制性国家标准和推荐性国家标准。这种区分也常被我国学者称为中国特色的分类方法。❶ 我国《标准化法》第 7 条第 1 款规定："国家标准、行业标准分为强制性标准和推荐性标准。保障人体健康，人身、财产安全的标准和法律、行政法规规定强制执行的标准是强制性标准，其他标准是推荐性标准。"除了强制性国家标准和推荐性国家标准之外，国标委实际运行中还有一

---

❶ 刘春青主编：《标准著作权知识问答》，中国标准出版社 2010 年版，第 5 页。

种比推荐性国家标准效力更低的国家标准，为指导性国家标准。指导性国家标准仅供使用者参考。指导性国家标准在法律性质上可以被认为是一种特殊的推荐性国家标准。从标准数量来说，推荐性国家标准的数量占绝大多数，强制性国家标准次之，指导性国家标准最少。截至 2014 年 12 月，通过国标委国家标准查询，现行有效的强制性国家标准为 3 900 个；现行有效的推荐性国家标准为 27 912 条；现行有效的指导性国家标准为 334 个。❶ 仅从数量上来看，强制性国家标准约为推荐性国家标准的 1/7；指导性国家标准约为强制性国家标准的 1/10。从国家标准的符号来说，强制性国家标准为"GB"，推荐性国家标准为"GB/T"，指导性国家标准为"GB/Z"。所以从标准号的角度来讲，强制性国家标准为一般，推荐性和指导性国家标准为例外。

第二节　国家标准的著作权现状

虽然我国在一定程度上将制定发布标准的行为作为一种行使行政权力的行为来对待，但是并没有直接规制标准著作权的法律法规等规范性法律文件。只能通过各种具体的规定、司法解释和相关案例进行学理解释和分析。对国家标准的著作权问题，除了著作权法之外，可以作为讨论依据的主要有以下一系列规定。

首先是《标准化法》及其实施条例。《标准化法》第 6 条规定："对需要在全国范围内统一的技术要求，应当制定国家

---

❶ http://www.sac.gov.cn，2014 年 12 月 31 日访问。

标准。国家标准由国务院标准化行政主管部门制定。"这一规定是全国人大常委会以法律的形式将制定国家标准的民事权利作为行政权力对待并授权给国标委。《标准化法实施条例》第12条规定："国家标准由国务院标准化行政主管部门编制计划，组织草拟，统一审批、编号、发布。工程建设、药品、食品卫生、兽药、环境保护的国家标准，分别由国务院工程建设主管部门、卫生主管部门、农业主管部门、环境保护主管部门组织草拟、审批；其编号、发布办法由国务院标准化行政主管部门会同国务院有关行政主管部门制定。"这一规定为国务院以行政法规的形式将全国人大常委会的授权从国标委扩展至卫生与计划生育委员会、农业部、环保部等国家部委。依据我国著作权法基本原理，在没有明确约定的情形下，起草该国家标准的自然人或单位作为对该标准有实质贡献的人，享有著作权；国标委乃至卫生与计生委等部委可以通过合同等形式约定原始取得或继受取得该标准的著作权。作为国家机关，其订立合同是否取得著作权并没有规范性文件明文规定，只能有赖于当事人之间的合同约定。

其次是国家技术监督局、新闻出版总署1997年颁布的部门规章《标准出版管理办法》，规定了国家标准的出版问题。该办法第3条规定："国家标准由中国标准出版社出版；工程建设、药品、食品卫生、兽药和环境保护国家标准，由国务院工程建设、卫生、农业、环境保护等主管部门根据出版管理的有关规定确定相关的出版单位出版，也可委托中国标准出版社出版。"该规定以部门规章的形式确定了出版标准的出版社。国标委发布的标准，依据该规章应当由中国标准出版社出版；其他部委发布的国家标准，可由中国标准出版社出版，亦可不由标准出版社出版，不受该规章的约束。因为绝大多数国家标准尤其是推荐性国家标准由国标委负责制定发布，所以该部门规章很大程度上以规范性法律文件的形式"授权"中国标准出版社出版标准。这种"授权"行为接近行政法中的行政许可。假想的前提是任意不受限制的出版标准的行为是有害于公共利益的，所以需要普遍地禁止；在普遍禁止的前提下，允许中国标准出版社等出版社出版标准。这也与传统的解释相一致——"为了加强标准出版活动的管理"（《标准出版管理办法》第1条）。这种解释跟我国古代"著作权"的保护较为接近。诸如他人盗印会导致"窜易首尾，增损音义""有误学士大夫披阅"，[1] 故为管理之需，他人不得翻印。之所以说目前授权中国标准出版社出版标准的行为接近我国古代"著作权"的保护，是因为我国古代对这种"著作权"的保护仅限于"私印""官刻诸书，则从无此禁例"[2]。准确地说，著作权形成时期的出版特权时期中对作品"特许出版权"的保护与当前我国对国家标准著作权的保护倒是十分契合。

《标准出版管理办法》第1条规定："为了加强标准出版活动的管理，保护知识产权……制定本办法。"如前所述，加强标准出版活动的管理具有古代法中的公益色彩，但保护知识产权却很难在现代知识产权法中找到支持。在现代著作权法的体系中，这种权利最接近"专有出版权"。《标准出版管理办法》第5条也规定："根据上级主管部门的授权或同标准审批部

---

[1] "国子监颁发禁止翻版'丛桂毛诗集解'公据"，见周林、李明山主编：《中国著作权史研究文献》，中国方正出版社1999年版，第3~4页。

[2] 叶德辉：《书林清话》卷二。

签订的合同，标准的出版单位享有标准的专有出版权。"《著作权法》第 31 条规定："图书出版者对著作权人交付出版的作品，按照合同约定享有的专有出版权受法律保护，他人不得出版该作品。"故依据该条的规定，专有出版权是出版社（图书出版者）通过合同从作者手中继受取得。但是中国标准出版社出版标准的权利却是《标准出版管理办法》直接确定。二者一为约定，一为法定，并非一致，只是形似。现代著作权法中并不存在古代著作权法中的特许出版权。所以《标准出版管理办法》中"保护知识产权"的表述并不准确。

《标准出版管理办法》为国家技术监督局、新闻出版总署 1997 年发布的部门规章。平心而论，前文对其的解读也有苛责部门立法之嫌。因为《著作权法》1991 年制定之时，对专有出版权的规定并没有"按照合同约定享有"这几个字的表述。1991 年《著作权法》第 30 条的表述为"图书出版者对著作权人交付出版的作品，在合同约定期间享有专有出版权"。依据此种表述，约定的仅为权利的期间而非权利的内容。但是《标准出版管理办法》历经 17 年未经修改而继续有效，则不能不说是部门立法的过失。

除了《标准出版管理办法》之外，国家技监局于 1991 年还颁布过《标准出版发行管理办法》。该部门规章至今仍然有效，并没有被废止。《标准出版发行管理办法》第 16 条还规定："标准的征订、发行，一般通过新华书店进行。"不过，目前来看，这个部门规章的规定已经形同具文。

最后，对于该问题一个比较有影响力的文件是最高院知识产权庭 1999 年 11 月 22 日对北京市高院的一个答复——《最高人民法院知识产权审判庭关于中国标准出版社与中国劳动出版社著作权侵权纠纷案的答复》（以下简称《答复》）。《答复》是判断我国国家标准著作权问题的重要依据。其基于北京市高院对最高院的请示，答复如下："1. 推荐性国家标准，属于自愿采用的技术性规范，不具有法规性质。由于推荐性标准在制定过程中需要付出创造性劳动，具有创造性智力成果的属性，如果符合作品的其他条件，应当确认属于著作权法保护的范围。对这类标准，应当依据著作权法的相关规定予以保护。法院应当根据本案的实际情况，确认这类作品的著作权人，确认原告是否经过合法授权，最终确定原告的诉讼请求是否成立。2. 国家标准化管理机关依法组织制订的强制性标准，是具有法规性质的技术性规范，由标准化管理机关依法发布并监督实施。为保证标准的正确发布实施，标准化管理部门依职权将强制性标准的出版权授予中国标准出版社，这既是一种出版资格的确认，排除了其他出版单位的出版资格；同时也应认定是出版经营权利的独占许可。其他出版单位违反法律、法规出版强制性标准，客观上损害了被许可人的民事权益。请你院与朝阳区法院依据民事诉讼法及其他法律的规定，并考虑办案的社会效果，多做工作，争取调解解决此案。以上意见供参考。"版权局版权管

理司对最高院亦有类似答复。❶

《答复》并非具备司法解释的法律效力，其效力仅供北京市高院"参考"。严格地说，也仅对北京市高院提供参考意见，称其为"指导"都未免勉强。但由于《答复》是最高院知识产权庭作出的，所以该意见具有很大的影响力。《答复》在国家标准著作权的问题上作出了类型化的解释。其认为推荐性国家标准并非技术法规（官方文件），可以受到著作权法的保护；强制性国家标准构成技术法规（官方文件），不受到著

---

❶ 1999年8月《国家版权局版权管理司关于标准著作权纠纷给最高人民法院的答复》："一、标准的性质。关于标准的性质，我们同意你庭的意见：强制性标准是具有法规性质的技术性规范，推荐性标准不属于法规性质的技术性规范，属于著作权法保护的范围。二、标准著作权的归属。根据来函中 A 出版社提供的情况，本案诉争图书涉及的标准均由国家技术监督局组织制定，包括提出计划、批准起草计划、组织起草工作、组织专家论证、征求意见、审定草案、审查批准报批稿、正式发布实施、实施监督检查等。制定标准的费用也由国家技术监督局支付。根据著作权法及实施条例关于法人作品规定的精神，从谁投资谁受益的原则出发，如果 A 出版社的上述介绍属实，应认为上述标准中受著作权保护的部分的著作权属于国家技术监督局。三、著作权与行政特许。正如你庭认为的，标准由国家指定的出版部门出版，'是一种经营资格的确认，排除了其他出版单位的出版资格。'我们理解，这种出版资格是一种类似特许性质的行政权，是权力，而不是著作权性质的民事权利。出版社基于这种行政特许开展出版业务并取得经济利益，并不等于说，出版社的经济利益来自于行政权。带给出版社经济利益的是出版社从作者取得的出著作权，即著作权中的财产权的一部分。国家授予出版社行政特许是为了国家便于领导、监督出版事业，并不是让出版社将行政特许直接转化为经济利益。这是我国的特有情况，严格地说，是由计划经济向市场经济转变过程中不可缺少的制度。如果不是这样，就等于承认，权力转化为金钱是合法的，卖书号是受法律保护的。这样的结论显然是荒唐的。行政权产生的基础必然是行政法，例如出版管理条例，而不是著作权法一类的民事法律。行政法的执法部门也不同于著作权法的执法部门，两者是有区别的。以上意见，仅供参考。"

作权法的保护。但是，出版强制性国家标准是一种出版经营利益，希望法院通过调解来回避法理判断的困难。所以，依据《答复》，简单地说，推荐性国家标准享有著作权，强制性国家标准不享有著作权。

此外，还有一些文件诸如国家质检总局发布的部门规章《关于进一步加强标准著作权保护规范标准出版发行工作的意见》、国标委2005年发布的红头文件《标准网络出版发行管理规定（试行）》、国标委2007年发布的红头文件《ISO和IEC标准出版物著作权保护管理规定（试行）》、国标委2010年发布的红头文件《关于进一步打击标准侵权盗版加强标准著作权保护工作的通知》等。这些规定虽然仍现行有效，但已经基本不具有规范功能，要么重复法律法规和国际标准商业政策的规定，要么条文形同具文。诸如《关于进一步加强标准著作权保护规范标准出版发行工作的意见》第3条规定："标准使用单位对保护标准著作权负有义务，发现标准侵权盗版等非法活动要主动向有关部门举报。"该条苛责标准使用者以举报等义务并不具有可行性；实际运行中，主要举报的是中国标准出版社，而非中国标准出版社的客户。

通过以上我国目前各种法律法规等规范性文件的规定，我们可以发现对于我国国家标准的著作权问题规定不明，莫衷一是。各学者基于对著作权法理解的不同，对上述一系列规定的解读也各不相同。依据《关于中国标准出版社与中国劳动出版社著作权侵权纠纷案的答复》，国家标准著作权问题一分为二，推荐性国家标准有著作权，强制性国家标准没有著作权。该观点由于其影响力得到大量学者认同，❶ 可以认为是我国国家标准著作权问题的通说，其在司法实践中也被广泛适用。但也有不少学者认为，不论是强制性的国家标准还是推荐性的国家标准都应当享有著作权的保护。❷ 同样，也有不少学者认为不论是强制性国家标准还是推荐性国家标准都不应当享有著作权。❸

第三节 推荐性国家标准著作权问题的探讨

推荐性标准又称为非强制性标准或自愿性标准，是指生产、交换、使用等方面，通过经济手段或市场调节而自愿采用的一类标准，包括推荐性国家标准、推荐性行业标准、推荐性地方标准。强制性标准作为一种技术法规，自然而然地成为一种由政府提供的公共产品，不能成为著作权的对象，这一点成为人们的共识。但推荐性标准是否具有著作权，则仁者见仁、智者见智，存在严重的争议。

一、赞成派的主要观点

赞成派认为，推荐性标准并非技术法规，因而并不是一种

---

❶ 张冬梅："付出创造性劳动的推荐性国家标准应受著作权法保护"，载《中国知识产权报》2003年12月25日；闫涛、刘雪涛："我国国家标准著作权政策法理探讨"，载《世界标准化与质量管理》2008年第2期；李静："关于标准著作权的几点看法"，载《标准科学》2013年第7期。

❷ 凌深根："关于技术标准的著作权及其相关政策的探讨"，载《中国出版》2007年第7期。

❸ 周应江、谢冠斌："技术标准的著作权问题辨析"，载《知识产权》2010年第2期；杨华权："论中国标准的著作权和专有出著作权"，载《电子知识产权》2011年第11期。

公共产品。主要原因就在于推荐性标准与强制性标准之间存在重大差异：以国家标准为例，强制性国家标准主要限于"保障人体健康，人身、财产安全"，由"法律法规规定强制执行"。❶ 而推荐性国家标准范围广阔，与人身财产安全并非直接密切相关，所以其并不需要强制执行。任何单位均有权决定是否采用，违反这类标准，不构成行政责任和刑事责任。❷ 因此，强制性标准具有法的属性，属于一种技术法规。❸

公共产品（Public Good）是私人产品的对称，是指具有消费或使用上的非竞争性和受益上的非排他性的产品。如国防、公安司法等方面所具有的财物和劳务，以及义务教育、公共福利事业等。其特点是：一些人对这一产品的消费不会影响另一些人对它的消费，具有非竞争性；某些人对这一产品的利用，不会排斥另一些人对它的利用，具有非排他性。包括强制性标准在内的法律规范都属于公共产品，这种公共产品一般由国家提供。而推荐性标准不具有法规属性，属于技术文件，不具有强制执行的功能。推荐性国家标准作为技术规范，并不必然成为一种公共产品。

正是基于上述考量，1999 年 11 月 22 日，最高人民法院知识产权审判庭在给北京市高级人民法院《关于中国标准出版社

---

❶ 《标准化法》第 7 条第 1 款规定："国家标准、行业标准分为强制性标准和推荐性标准。保障人体健康，人身、财产安全的标准和法律、行政法规规定强制执行的标准是强制性标准，其他标准是推荐性标准。"

❷ 不过，这并不是说，推荐性标准一经接受并采用，或各方商定同意纳入合同中，就成为各方必须共同遵守的技术依据，具有法律上的约束性。

❸ 当然，强制性标准所具有的这种法的属性并非其自然属性，是人们根据标准的重要性、经济发展等情况和需要，通过立法形式所赋予的，同时，也赋予强制性标准以法制功能，即制定法律、执行法律、遵守法律这三个方面的功能。

与中国劳动出版社著作权侵权纠纷案的答复》（〔1998〕知他字第 6 号函）中认为："推荐性国家标准，属于自愿采用的技术性规范，不具有法规性质。由于推荐性标准在制定过程中需要付出创造性劳动，具有创造性智力成果的属性，如果符合作品的其他条件，应当确认属于著作权法保护的范围。对这类标准，应当依据著作权法的相关规定予以保护。"

如果认为推荐性标准具有著作权，那么就需要明确著作权主体。❶ 这个方面具有以下两种主要观点。

第一种观点认为，推荐性国家标准的著作权归标准的发布者。推荐性国家标准主要由国标委组织制定、审核和发布。有学者将国家标准界定为法人作品，组织制定该作品的人为国标委，所以推荐性国家标准的著作权归国标委。依据《标准出版管理办法》，出版该标准的出版社为中国标准出版社。除了国标委之外，工程建设、药品、食品卫生、兽药、环境保护等方面的推荐性国家标准也可以由相应的行政主管部门制定，故相应的著作权归相应的行政主管部门。而出版这些领域标准的出版社由相关行政主管部门"确定"。所谓确定，即授权相关出版社行使专有出版权。这种观点的典型代表是《标准出版管理办法》，其中第 5 条规定："根据上级主管部门的授权或同标准审批部门签订的合同，标准的出版单位享有标准的专有出版权。"同样依据《标准出版管理办法》第 6 条，签订的出版合同中须规定"出版费用"，即中国标准出版社等标准出版机构需要向相关标准审批发布部门购买标准的专有出版权。

---

❶ 凌深根："关于技术标准的著作权及其相关政策的探讨"，载《中国出版》2007 年第 7 期。

第二种观点认为推荐性国家标准的著作权归属于对标准的完成有实质性贡献的人，即标准的起草者。我国的国家标准通常并非国标委或者其他相关部委直接起草，而是国标委等发布机构委托第三方起草。起草者可以是企业，也可以是自然人，还可以是相关研究机构或其他组织。在一项国家标准的前言中通常有"起草单位"和"起草人"这些内容。由于国标委并没有参与标准的创作，故不享有著作权，而由"起草单位"和"起草人"享有著作权。标准出版社等出版机构应当通过合同获得"起草单位"和"起草人"的授权并支付费用。最高院知识产权庭的《答复》中在很大程度上支持了该观点。它认为，"法院应当根据本案的实际情况，确认关于技术标准的著作权这类作品的著作权人，确认原告是否经过合法授权，最终确定原告的诉讼请求是否成立"。

二、反对派的主要观点

本书认为，推荐性标准不应当具有著作权，理由如下。

（一）推荐性标准尽管没有强制执行效力，但仍然是一种官方文件

官方文件指由国家机构颁布的法律文件、政府文件、法院判决书等具有立法、司法和行政性质的文件。显然，在我国，批准发布国家标准的组织是国标委和国家相关部委，本身就是行政机关，行使着各种行政公权力，属于官方机构，由它们颁布的各种标准，包括推荐性标准和强制性标准，自然就属于官方文件。ISO、IEC等非政府组织制定的标准之所以受到著作权的保护，是因为这些非政府组织并非公权力机构。同时，强制性和非强制性不应当成为区别标准是否具有著作权的界限。

法律法规自然不具有著作权，其中的原因不在于法律法规具有强制性。我们知道，法律中有着众多的强制性规范，也有很多任意性规范，并不一定全都要遵守。所以，依据是否具有强制性衡量标准是否具有著作权是不科学的。

（二）推荐性标准著作权否定说有助于促进推荐性标准的传播和实施

这是基于社会效果方面的考量，从社会效果上看，不赋予法律法规以著作权，主要目的在于降低法律法规的出版成本，便于促进法律法规的传播。官方文件也是如此，官方文件颁布的目的就是让它尽可能地公开传播，使公众知晓，此类作品一经公布就进入了公有领域，任何人都可以自由使用。我国《著作权法》规定："不适用于法律、法规，国家机关的决议、决定、命令和其他具有立法、行政、司法性质的文件，及其官方正式译文。"从社会效果角度上看，推荐性标准尽管不具有强制执行效力，也属于应当促进传播的范畴。这些标准是全社会的公共产品，❶国家要鼓励公众尽可能加以复制、传播和使用。❷如果推荐性国家标准不享有著作权，那么就不存在著作权的归属和利用等问题。任何出版社都可以自由出版推荐性国家标准，只要不改动标准的格式、不违反公序良俗和诚实信用的原则。❸

---

❶ 杨华权："论中国标准的著作权和专有出版权"，载《电子知识产权》2011年第11期。

❷ 周应江、谢冠斌："技术标准的著作权问题辨析"，载《知识产权》2010年第2期。

❸ 韩学军、王艳、杨明升："试析我国标准的著作权"，载《农产品质量与安全》2012年第6期。

（三）赋予推荐性标准以著作权，会在权利归属、使用、管理等方面带来一系列问题

首先，在权利归属方面，依据著作权法，推荐性国家标准的著作权应当归属于对推荐性国家标准的完成有实质性贡献的人，即该标准的起草者（创造者）。不过，国标委以及相关国家部委可以通过合同约定取得推荐性国家标准的著作权。可以预见的是：推荐性标准是否属于职务作品？属于起草单位，还是国标委？会有很多纠纷。

其次，授予推荐性标准以著作权可能会导致国标委身份错乱。国标委本身是标准管理机构，又具有推荐性标准著作权，角色身份容易错乱。在这种情况下，也有学者认为应当构建新的标准管理体制，"将我国标准化行政管理部门双重职能分离，以达到保护标准著作权的目的"。❶ 这样的想法当然是好的，不过，与其这样，还不如直接取消推荐性标准的著作权，让国标委不再一身二任更好一些。

（四）授予推荐性标准以著作权，无助于实现著作权法的立法目的

著作权授予行为具有双重性：一方面，通过著作权的授予能够产生一定的经济激励，从而促进更多的作品涌现出来。这就要求强化著作权的保护，扩大著作权的保护范围。另一方面，人们也看到，对著作权的保护实际上赋予了著作权人一定范围内的垄断权，阻碍了作品的流通，提高了他人创作的成本，从而减少了社会福利。保护范围越大，保护力度越强，其

---

❶ 李硕："标准管理体制对标准著作权保护的影响"，载《航天标准化》2013年第3期。

对社会福利的损害越大。这就要求对著作权授予和保护进行一定的限制。在可保护可不保护时，以不保护为优先；在可强保护可弱保护时，以弱保护为优先。因此，授予著作权保护需要坚强有力的理由。这就是著作权法应当具有的立法精神。从这个角度上看，授予著作权行为对于政府而言不具有激励作用。不管是否赋予著作权，政府都需要制定、颁布推荐性标准，因而不需要赋予推荐性标准以著作权。

（五）推荐性标准不具有著作权，有助于克服专有出版权产生的行政垄断现象

1997年8月8日颁布实施的《标准出版管理办法》第3条规定，标准必须由国务院出版行政部门批准的正式出版单位出版。2005年8月31日，国家标准化管理委员会颁布的《标准网络出版发行管理规定（试行）》将国家标准的网络专有出版权授予中国标准出版社。最高人民法院知识产权审判庭在给北京市高级人民法院《关于中国标准出版社与中国劳动出版社著作权侵权纠纷案的答复》（〔1998〕知他字第6号函）中也认为："标准化管理部门依职权将强制性标准的出版权授予中国标准出版社，这既是一种出版资格的确认，排除了其他出版单位的出版资格；同时也应认定是出版经营权利的独占许可。"

其实，标准出版者垄断出版标准的行为是不具有正当性的。❶ 国家标准中的强制性标准，本身没有著作权，既然没有著作权，也不会有专有出版权。所谓"皮之不存，毛将焉附"。上述标准专有出版权的规定违背了著作权法的基本法理。

---

❶ 杨华权："论中国标准的著作权和专有出著作权"，载《电子知识产权》2011年第11期。

既然强制性标准不具有著作权，因而不可能形成专有出版权，如果推荐性标准具有著作权，出版社的专有出版权就可能通过许可方式获得。如果连推荐性标准也不具有著作权，则整个专有出版权制度就沦为一种纯粹的行政垄断，所以应当予以废除。❶

总之，推荐性标准是否具有著作权，既涉及对著作权法上作品概念的理解，也涉及行政法学上对"官方文件"概念的解释，还牵涉到经济学上"公共产品"概念的阐释。推荐性标准是否具有著作权？仁者见仁，智者见智。问题关键还在于制度设计、社会效果方面的考量。从社会效果方面考量，应当否定推荐性标准的著作权，这样才有助于促进推荐性标准的传播和实施，实现推荐性标准的制定目的。

第四节　强制性国家标准著作权问题的探讨

强制性国家标准这一制度常常被我国学者所提及，也常常作为我国国家标准被批判的代表。虽然我国国家标准中强制性国家标准仅约占1/8，但其影响力远大于其他国家标准。相较于推荐性国家标准，强制性国家标准特点有二：一是强制性国家标准限于"保障人体健康，人身、财产安全"，推荐性国家标准则无此限制；二是强制性国家标准由"法律法规规定强制执行"，而推荐性国家标准则无此强制力。

正是基于强制性国家标准涉及"人体健康，人身、财产安

---

❶ 郑培等："我国标准专有出版权制度探析"，载《中国标准化》2014年第12期。

全"，所以在我国要求其强制执行。但不执行强制性国家标准的主体所面临的法律后果不明。笼统而言，其将得到负面的法律评价。诸如在侵权法中的产品责任判断时，不符合强制性国家标准是认定产品质量存在缺陷承担侵权责任的重要依据之一。

通说认为强制性国家标准虽然具备作品的属性，但是不受著作权的保护。理由是强制性国家标准需要强制执行，法律性质上属于技术法规，而技术法规属于不受著作权法保护的官方文件。根据《著作权法》第5条的规定，《著作权法》不适用于"法律、法规，国家机关的决议、决定、命令和其他具有立法、行政、司法性质的文件，及其官方正式译文"。基于此，通说认为强制性国家标准不能受到著作权的保护。而反对者认为，强制性国家标准也具备独创性，也符合作品的要件，属于"法人作品"，应当由发布该标准的行政机关享有该强制性国家标准的著作权。❶

总体上而言，支持强制性国家标准享有著作权的人一般将这种支持扩展至全部国家标准，即国家标准都应当享有著作权；同样，支持推荐性国家标准不享有著作权的人一般也会将这种支持扩展至全部国家标准，即国家标准都不应当享有著作权。所以在讨论推荐性国家标准的著作权问题时，已经基本介绍了学界的主要观点和论证。关于强制性国家标准著作权问题的讨论，本书不再重复。但是，目前对强制性国家标准著作权问题的讨论仍然存在可以改进之处。

---

❶ 凌深根："关于技术标准的著作权及其相关政策的探讨"，载《中国出版》2007年第7期。

（1）关于强制性国家标准的强制性与技术法规。有人基于标准的强制性，将强制性国家标准等同于技术法规，进而认为其不享有著作权。在国外标准著作权保护中亦能找到类似的情况。例如，英国国家标准化组织 BSI 制定的大量国家标准（BS）被英国政府引用或采纳为技术法规。而被英国政府直接引用或采纳的 BS 因为其法律属性为官方文件，所以这些被直接引用或采纳的 BS 丧失著作权的保护，进入公有领域。为此 BSI 和英国政府签订了一系列谅解备忘录。依据这个 BSI 和英国政府签订的合同，英国政府在制定技术法规时原则上不直接复制 BS，而是间接引用 BS。只要 BS 的内容没有直接出现在英国政府颁布的技术法规之中，就仍然受到著作权的保护。所以，具有强制性本身并不足以否定强制性国家标准的著作权。易言之，阻却国家标准著作权保护的是标准文本成为官方文件，而非标准具有法律上的强制力。前者的着眼点在于标准之"表达"，后者的着眼点在于标准之"思想"，二者并非同义。混淆二者虽然并不一定谬误，但至少并不准确。

（2）强制性国家标准中的智力劳动与成本。强调强制性国家标准中的智力劳动等因素也是目前论证强制性国家标准著作权问题的一个倾向。在解释包括强制性国家标准在内的全部标准的著作权问题时，最常见的论断就是强调此点。但是在正当性的理论之中，劳动理论已经是一种式微的理论。强调劳动在标准产生之中的作用在法理上很难说有多大意义。强调劳动另一个延伸的版本是强调标准制定过程中的成本。不过在著作权法理论之中，对著作权的保护基于创造，而对邻接权的保护才可能会考虑投资等成本因素。故强调标准产生过程中的成本以及标准出版收益的意义，准确地说，并不能对强制性国家标准的著作权有证成效果。强制性国家标准是否享有著作权应当主要考察强制性国家标准是否符合著作权法上作品的要件,是否符合著作权法上官方文件的界定。

（3）回答强制性国家标准的著作权问题。标准具备作品的形式,强制性国家标准亦属于作品。强制性国家标准是否受到著作权保护的关键在于是否认定其技术法规的性质。如前所述,强制性国家标准是否属于官方文件,并非仅看其内容的强制力,而应当主要看其形式上是否属于官方文件。此外,如前所述,政府机构发布一项标准是否属于官方文件,还需要考察发布该标准的行为是否是行使公权力的行为。所以在我国,判断一项标准是否属于官方文件考虑的因素较多。官方文件属性的判断往往基于以下两个方面——主体和强制力（公权力）。

与国外相关标准的比较,如表6-1所示。

表6-1 我国与国外相关标准比较

作品形式	制定、发布国家标准的主体	国家标准的强制力（公权力的有无）	著作权
ISO标准	非政府组织	无	有
被英国政府技术法规直接复制的国家标准	非政府组织	有	有
日本工业标准	公权力机构	无	有
我国推荐性国家标准	公权力机构/事业单位	无	—
我国强制性国家标准	公权力机构/事业单位	有	—
法律法规	公权力机构	有	无

严格地说,表6-1中的表述并不精准。诸如我国国标委的性质究竟是公权力机构还是事业单位的模糊——如果是公权力机构,其享有著作权的状态则不当;如果是事业单位,其发

159

布标准所具有的法律上的强制性则不当。正是由于这一系列的模糊造成了我国标准著作权问题解答的模糊。不过可以基本肯定的是，除了国标委以外的农业部、卫生部等其他部委所发布的强制性国家标准应当认定为官方文件。因为这些部委发布强制性国家标准的行为必须解释为行使公权力的行为，否则这些部委将面临无权发布标准的尴尬。

我国推荐性国家标准接近日本工业标准，可以类推解释其著作权问题。但我国的强制性国家标准与日本工业标准并不相近，甚至被英国政府技术法规直接复制的国家标准也与我国强制性国家标准不同。所以，国外标准著作权的现状并不能对我国的强制性国家标准的著作权问题作出类推的解释。如表 6-1 所示，如果认为一项标准享有著作权，那么在发布标准的组织是否为政府和标准的强制力方面，至少有一项为否。我国强制性国家标准具有法律上的强制力，同时组织制定、发布该标准的组织又具有浓厚的公权力色彩。所以本书认为，将我国强制性国家标准认定为官方文件的观点更为妥当。所以，在强制性国家标准的著作权问题上，本书赞同通说，认为其不享有著作权。正是基于强制性国家标准不享有著作权的判断，所以强制性国家标准之上不存在著作权的归属和利用问题。他人未经许可复制发行强制性国家标准，也不存在侵犯著作权的可能。

第七章 我国行业标准著作权政策

　　1988年《标准化法》将我国标准区分为国家标准、行业标准、地方标准和企业标准四级；依据标准的法律强制力不同又进一步区分为强制性标准和推荐性标准。与国家标准类似，在讨论标准的著作权问题时，我国行业标准亦可分为强制性行业标准和推荐性行业标准。

　　行业标准相关问题讨论的法律依据除了《标准化法》及其实施条例、《标准出版管理办法》和《标准网络出版发行管理规定（试行）》之外，还主要涉及1990年国家技术监督局颁布的部门规章《行业标准管理办法》，2005年国家发改委颁布的《行业标准制定管理办法》，甚至可以包括海关总署2005年颁布的《海关行业标准管理办法》、国税总局2010年颁布的《税务行业标准管理办法（试行）》，等等。同时，与行业标准著作权问题相关的司法解释，只有最高院2008年颁布的一个关于行业标准与专利权问题的司法解释《关于朝阳兴诺公司按照建设部颁发的行业标准〈复合载体夯扩桩设计规程〉设计、施工而实施标准中专利的行为是否构成侵犯专利权问题的函》。下文关于行业标准的著作权问题先从行业标准的界定开始。

第一节　行业标准

我国行业标准最初称为专业标准，为某一专业领域内的标准。《标准化法》颁布后，专业标准改名为行业标准。我国1988年《标准化法》将我国的标准区分为国家标准、行业标准、地方标准和企业标准四级。其中，《标准化法》第6条规定："对没有国家标准而又需要在全国某个行业范围内统一的技术要求，可以制定行业标准。行业标准由国务院有关行政主管部门制定，并报国务院标准化行政主管部门备案，在公布国家标准之后，该项行业标准即行废止。"1990年国家技术监督局颁布的部门规章《行业标准管理办法》第2条也有类似规定："行业标准是对没有国家标准而又需要在全国某个行业范围内统一的技术要求所制定的标准。行业标准不得与有关国家标准相抵触。有关行业标准之间应保持协调、统一，不得重复。行业标准在相应的国家标准实施后，即行废止。"这是我国关于行业标准的界定最主要的法律法规方面的依据。基于以上规定，一般认为所谓行业标准，是指我国行政主管部门批准发布的，在全行业范围内统一适用的标准。

与国家标准近似，行业标准的界定也包含三个因素：发布者、适用范围和效力。这三个因素使其区别于国家标准、地方标准和企业标准。

首先是行政主管部门。我国行业标准的行政主管部门主要为相应的国家部委。诸如原建设部发布的城镇建设标准、国家能源局发布的电力标准、公安部发布的公共安全标准、中国人民银行发布的金融标准、教育部发布的教育标准等等。在计划经济体制下，每一项经济活动都对应着中央到地方各级行政管理部门。在其领域范围内，其制定的各项规则具有标准和法律的双重属性。随着改革开放和社会主义市场经济的建立，目前各部委数量和权限都逐渐减少。各部委的部门规章也和其制定的该领域的行业标准相区别。建设部、卫生部等大量部委已经被合并或取消，但是其所发布的行业标准仍然现行有效。除了省部级的国家部委以外，国家部委内设的相应管理机构在一定程度上也可以发布该领域内的行业标准。诸如国家安全生产管理局发布的安全生产标准、国家测绘局发布的测绘标准等。此外，行业标准发布之后需要向标准化行政主管部门备案，即报国标委备案。

《标准化法》仍然规定的是由行政主管部门"制定"。跟国家标准一样，行业标准界定中的"制定"应作扩大解释。政府部门本身并不具备大量的制定标准的专业人士，所以行政主管部门一般是批准发布一项由其他单位或个人起草的行业标准。

其次是行业标准的适用范围。行业标准在全行业范围内适用，而国家标准在全国范围内适用，地方标准仅在该地方范围内适用。这里全行业范围内和国家范围内二者有重合之处。一般认为，国家标准的适用范围比行业标准的适用范围更大，但并非绝对。

最后是行业标准的效力。如前所述，行业标准的效力介于国家标准和地方标准之间，即行业标准的效力低于国家标准而高于地方标准。如果行业标准与地方标准相冲突则以行业标准为主；如果行业标准与国家标准相冲突则以国家标准为主。如果行业标准发布之后，又发布了新的国家标准，则国家标准替代该行业标准;如果国家标准发布之后,又发布了新的行业标准,则行业标准必须比国家标准更加严格,例如,如果是安全生产标准则安全系数更高、如果是食品致病菌标准则相应菌量更少等。

  行业标准可有多种分类方法,诸如按照行业专业的不同可以分为机械行业标准、电子行业标准、化工行业标准、纺织行业标准、交通行业标准、农业行业标准等等;按照标准对象在生产过程中的作用,亦可分为材料行业标准、零部件行业标准、产品行业标准、检验与试验方法行业标准等。这里,最为常见的分类方法是按照标准的强制力将行业标准区分为强制性行业标准和推荐性行业标准。

  《行业标准管理办法》第 4 条规定:"行业标准分为强制性标准和推荐性标准。"同时,该条明确了强制性行业标准的范围,主要包括药品、兽药、农药行业标准;食品、工程建设及工农产品的安全卫生标准;技术衔接、互换配合行业标准;需要控制的产品通用试验、检验方法等。其他行业标准为推荐性行业标准。不同行业标准有不同的符号指代,诸如安全生产标准为"AQ",包装标准为"BB",船舶标准为"CB",地震标准为"DB",电力标准为"DL"等。如果仅为以上单纯符号则为强制性行业标准,如果有"/T"字样则为推荐性行业标准。总体上而言,推荐性行业标准占绝大多数,强制性行业标准数量较少。截止到 2014 年 12 月,依据国标委行业标准备案查询共有 20 007 项行业标准,其中 19 047 项为推荐性行业标准，960 项为强制性行业标准。❶ 虽然强制性行业标准数量很少，但基于其强制力仍然具有较大的影响力。

第二节　行业标准的著作权现状

在我国最初对待标准的态度上，与国家标准的情况类似，行业标准也作为行政管理的工具来对待。发布行业标准的行为也是作为一项行政权力的行使来对待。行业标准著作权的问题至今仍然处于模糊地带。只能通过法律法规司法解释等规范性法律文件的解释来对我国行业标准的著作权问题进行解读。我国对于标准著作权问题的讨论集中在国家标准著作权问题的讨论，对行业标准、地方标准的讨论往往被一带而过。

当然，对国家标准著作权问题解答的结果可以类推适用于行业标准著作权问题的解答。对于国家标准的著作权而言，一种观点认为推荐性国家标准享有著作权，强制性国家标准不享有著作权。如果类推适用，那么推荐性行业标准享有著作权，强制性行业标准不享有著作权。

行业标准著作权问题最基本的法律法规是《著作权法》《标准化法》及其实施条例。《标准化法》第 6 条规定："对没有国家标准而又需要在全国某个行业范围内统一的技术要求，可以制定行业标准。行业标准由国务院有关行政主管部门制定，并报国务院标准化行政主管部门备案，在公布国家标准之后，该项行业标准即行废止。"《标准化法实施条例》第 7 条

---

❶ 国标委网站行业标准备案目录查询，http://www.sac.gov.cn，2014 年 12 月 31 日访问。

规定："国务院有关行政主管部门分工管理本部门、本行业的标准化工作"。《标准化法实施条例》第 14 条规定："行业标准由国务院有关行政主管部门编制计划、组织草拟，统一审批、编号、发布，并报国务院标准化行政主管部门备案。"实施条例的规定基本重复了《标准化法》第 6 条的规定。而《标准化法》第 6 条实质为全国人大常委会以法律的形式将制定发布标准的行为作为一项行政权力授权给国务院相关行政主管部门。依据上述规定，国务院行政主管部门主要为国务院相关部委等机构，虽然其依法享有制定标准的权力，但准确地说是享有组织制定标准的权力。而起草标准等对标准有实质性贡献的人只能是相关科研单位、企业和个人。作为民事上的著作权只能通过标准组织者和标准起草者之间的合同约定。

国家技术监督局和新闻出版署 1997 年发布的部门规章《标准出版管理办法》第 3 条规定："行业标准由国务院有关行政主管部门根据出版管理的有关规定确定相关的出版单位出版，也可由中国标准出版社出版。"第 5 条规定："根据上级主管部门的授权或同标准审批部门签订的合同，标准的出版单位享有标准的专有出版权。"《标准出版管理办法》本身的相关问题前章已说明，此处不再详述。仅就行业标准而言，该条在形式上确定中国标准出版社等出版机构享有行业标准的专有出版权，同时蕴含着一个前提，即制定发布行业标准的部门享有该标准的著作权。这种前提与前段所说的制定标准的部门通过合同取得行业标准著作权存在着表面上的冲突。

二者之间的冲突是表面的，部门规章确认的发布行业标准的部门所享有的著作权容易通过行业标准的组织者（行政主管部门）和标准的起草者（科研机构、专家学者）的合同实现。

因为行业标准的事实作者如果不转让其著作权将面临不能起草该行业标准的境地，而不能起草该行业标准也就无法成为该行业标准的事实作者。所以，在法理上存在的实际问题完全可以通过当事人之间的约定避免。

《标准出版管理办法》在承认了发布行业标准的行政主管部门对行业标准的著作权之外，还承认了一系列专有出版权。其在形式上提供了一种选择，可以由"国务院有关行政主管部门……确定相关的出版单位出版，也可由中国标准出版社出版"。这个选择权被赋予了默认为具有行业标准著作权的行政主管部门。该行政主管部门可以与中国标准出版社签订合同授予其专有出版权，也可以向其他出版社授权。出版行业标准常见的出版社有中国质检出版社、煤炭工业出版社、中国测绘出版社、印刷工业出版社、地震出版社、化学工业出版社、中国环境科学出版社、中国建材出版社、中国农业出版社、中国轻工出版社、中国石化出版社等。这些被行政主管部门授权的出版社所获得的专有出版权所面临的学理问题跟中国标准出版社所面临的学理问题相同，此处不再赘述。

国家发改委2005年颁布的《行业标准制定管理办法》、海关总署2005年颁布的《海关行业标准管理办法》、国税总局2010年颁布的《税务行业标准管理办法（试行）》等规范性法律文件中涉及行业标准著作权的问题基本延续了前文的规定。诸如《行业标准制定管理办法》第27条规定："行业标准出版由直管行业标准化机构负责。行业标准出版单位必须是国家有关部门批准的正式出版机构。"这与《标准出版管理办法》的规定如出一辙。

而司法解释只有最高院2008年颁布的一个关于行业标准

与专利权问题的司法解释《关于朝阳兴诺公司按照建设部颁发的行业标准〈复合载体夯扩桩设计规程〉设计、施工而实施标准中专利的行为是否构成侵犯专利权问题的函》。该司法解释也主要解决行业标准与专利相关问题，与著作权无涉。

第三节　行业标准著作权问题的探讨

依据最高院知识产权庭《关于中国标准出版社与中国劳动出版社著作权侵权纠纷案的答复》，国家标准著作权问题一分为二，推荐性国家标准有著作权；强制性国家标准不享有著作权。该文件成为影响判断国家标准著作权问题的重要因素。但是对于行业标准的著作权问题，从前文可见，并没有一个强有力的规范性或指导性的文件。所以，本节探讨的是行业标准的著作权问题以及是否可以类推适用国家标准著作权问题的解答。

行业标准属于标准的一种，具备作品的属性，如无例外情形应当受到著作权的保护。而最为主要的例外情形是将行业标准作为官方文件对待。所以基于行业标准作品的属性，判断行业标准是否属于官方文件等不受著作权法保护的作品是本节讨论的关键问题。这一点跟国家标准是否享有著作权的问题所面临的情形是相同的。如前所述，需要判断什么要件之下作品符合官方文件的性质，然后将标准带入这些条件进行检验。

行业标准的官方文件属性的判断，与国家标准相比会略显复杂。日本、英国等国的国家标准与我国国家标准的情形有近似之处，诸如日本的国家标准发布机构是国家机关，英国国家标准可被政府确定为技术法规等。基于与日本和英国的比较，得出我国国家标准中强制性国家标准不享有著作权，而推荐性国家标准同样不享有著作权的学理解释。但行业标准的比较则比国家标准的比较更为复杂一些。因为在国家标准问题上，主要比较国外各个国家的国家标准与我国的国家标准；但却很难比较其他各国的行业标准与我国的行业标准。因为国外并不存在如同我国一样的行业标准。与我国行业标准近似的标准类型是国外所说的学会标准。之所以说二者近似，是因为二者都是相关领域内专家、学者起草的，主要为规范这一领域的规格的标准。但是规范某一学科、某一行业、某一领域的标准一般都由该学科、行业或领域的自治组织（如学会、联合会、研究会等）自行确定。政府可以作为民事主体参与制定，但是不能作为这一标准制定的组织者组织制定，更遑论审查认可。也正是因为政府无权干涉学会标准，所以学会标准不存在法律上的强制力，只能通过标准化组织自身的影响力和标准本身的影响力来保证标准的适用。因此，这种学会标准也可能在全球范围内产生影响力，大大超过某些国家的国家标准。而我国的行业标准是我国行政主管组织制定发布，同时可以进行强制性行业标准和推荐性行业标准的区分。在没有相关国家标准的时候，我国的行业标准能够起到类似于国家标准的作用。

所以，我国行业标准与国外学会标准并不相近。国外的学会标准相当于"小号"的国际标准；国外在全球范围内有影响力的学会相当于"小号"的国际标准化组织，诸如 ASTM、IEEE、SAE 等。这是因为这些学会的性质与 ISO、IEC 等国际标准化的组织并没有质的不同。ISO 则可以理解为全球范围内各行各业的国家标准化组织所组成的一个学会。但我国的行业标准并非学会标准，而是"小号"的国家标准。我国的行业标准并非行业学会或协会制定发布的，而是由行政主管部门制定发布，可以有强制性标准和推荐性标准的划分。甚至有一项替代规则：国家标准发布后可以替代相应的行业标准。所以，我国的行业标准在实质上并非学会标准，而是"小号"的国家标准。国外学会标准由非政府组织制定发布，标准本身不具有法律强制力；学会标准属于受著作权法保护的作品，著作权一般通过约定从起草者转移给制定该标准的学会。由于质的差异，所以这一系列学会标准的著作权政策不能类推适用于我国的行业标准。我国行业标准的著作权政策应当从我国国家标准的著作权政策入手。

  类似于我国国家标准，我国行业标准的制定、发布单位为以国家相关部委为代表的行政主管部门。而我国国家标准发布单位则是以国标委为代表的兼具行政部门与事业单位性质的机构。所以二者在制定、发布单位上十分接近。而在法律强制力方面，国家标准和行业标准都可以再细分为强制性标准和推荐性标准，二者一致。所以，我国行业标准的法律属性可以准用国家标准的法律属性。

  作为推荐性行业标准，虽然其制定发布该标准的组织为政府机构，但是由于该标准并不具备法律强制力，不要求民事主体强制执行，但不能就此认为发布该标准的行为不是政府行使公权力的行为。当代政府公权力行使的方式也多元化，既包括各种强制性行为，也包括各种引导性或指导性行为。发布推荐性行业标准近似于一种行政指导行为，也是政府公权力的运用。推荐性行业标准因而也是一种官方文件，不应当具有著作权，这同强制性行业标准是一致的。

第八章 我国地方标准著作权政策

1988年《标准化法》将我国标准区分为国家标准、行业标准、地方标准和企业标准四级；依据标准的法律强制力不同又进一步区分为强制性标准和推荐性标准。与国家标准和行业标准类似，在讨论标准的著作权问题时，我国地方标准亦可分为强制性地方标准和推荐性地方标准。前文已论述过国家标准和行业标准，包括地方标准和企业标准，其与强制性、推荐性标准的划分概括如表8-1所示，由于企业标准可以作为企业的商业秘密进行保护，所以可以不公开，故不存在区分强制性和推荐性的意义。

表8-1 四级标准的划分

标准	强制性标准	推荐性标准
国家标准	强制性国家标准	推荐性国家标准
行业标准	强制性行业标准	推荐性行业标准
地方标准	强制性地方标准	推荐性地方标准
企业标准（商业秘密等）	—	—

我国地方标准的著作权问题主要涉及的规范性法律文件很多与国家标准和行业标准重合，诸如《标准化法》及其实施条例、《标准出版管理办法》和《标准网络出版发行管理规定（试行）》等。还有一些专门性的规定，诸如国家质监局1990年颁布的部门规章《地方标准管理办法》，2011年卫生部颁布

的《食品安全地方标准管理办法》等。各个地方也制定了关于地方标准的红头文件，诸如北京市卫生厅 2013 年发布的《北京市食品安全地方标准管理办法（试行）》、海南省卫生厅 2013 年发布的《海南省食品安全地方标准管理办法》等等。

第一节　地方标准

地方标准，在我国有时也被称为区域标准，是指我国省、自治区、直辖市的标准化主管部门发布的，在本省、自治区、直辖市适用的标准，属于我国四级标准之一。我国 1988 年《标准化法》第 6 条对地方标准作出如下规定："对没有国家标准和行业标准而又需要在省、自治区、直辖市范围内统一的工业产品的安全、卫生要求，可以制定地方标准。地方标准由省、自治区、直辖市标准化行政主管部门制定，并报国务院标准化行政主管部门和国务院有关行政主管部门备案，在公布国家标准或者行业标准之后，该项地方标准即行废止。"《标准化法实施条例》第 15 条也有类似规定："对没有国家标准和行业标准而又需要在省、自治区、直辖市范围内统一的工业产品的安全、卫生要求，可以制定地方标准。制定地方标准的项目，由省、自治区、直辖市人民政府标准化行政主管部门确定。"国家质监局 1990 年颁布的部门规章《地方标准管理办法》也有类似规定："对没有国家标准和行业标准而又需要在省、自治区、直辖市范围内统一的下列要求，可以制定地方标准……制定地方标准的项目，由省、自治区、直辖市人民政府标准化行政主管部门确定。"以上三个条文是我国地方标准界定主要参考的规范性法律文件。地方标准的概念主要包含发布者、适用范围和效力三个方面。

　　首先是地方标准的发布者为省、自治区、直辖市的标准化行政主管部门。❶ 与国家标准和行业标准类似，我国的法条之中，将组织制定和发布者的行为表述为"制定"。这里同样需要对"制定"做出扩张解释。依据《标准化法》等规范性法律文件，我国发布地方标准的主体被表述为地方标准化行政主管部门。地方标准化行政主管部门主要为该省、自治区、直辖市的质监局。例如，浙江省地方标准 DB33/T 912—2014 "美丽乡村建设规范"由浙江省质量技术监督局发布；天津市地方标准 DB12/T 108—2008 "洗染企业等级标准"由天津市质量技术监督局发布。除了质监局之外，该省、自治区、直辖市部分行政主管部门亦可发布少量的地方标准。《地方标准管理办法》第 6 条规定："药品、兽药地方标准的制定、审批、编号、发布，按法律、法规的规定执行；食品卫生和环境保护地方标准，由法律、法规规定的部门制定、审批，报省、自治区、直辖市标准化行政主管部门统一编号、发布。"该条实际将食品卫生和环境保护等领域的地方标准以行政授权的方式给予相关行政主管部门。诸如在食品卫生领域，原卫生部制定了《食品安全地方标准管理办法》，其中第 2 条规定："省级卫生行政部门负责制定、公布、解释食品安全地方标准。"除了食品卫生和环境保护外，住建部门也可以制定相关的地方标准。诸如北京市规划委员会和北京市建设委员会联合发布的北京市地方标准 DBJ 01-616-2004 "建筑防火涂料（板）工程设计、施工

---

❶ 浙江省在 2010 年以省政府名义颁发了《浙江省地方标准管理办法》，这也是全国首个将地方标准管理办法上升到地方政府规章的省份。

与验收规程"。当然，也有部分地方标准是由省人民政府发布，如浙江省环境保护类地方标准，是由省质量技术监督行政主管部门审核后报省人民政府批准发布。如 DB33/844—2011 酸洗废水排放总铁浓度限值。

其次是地方标准的适用范围。地方标准的适用范围是一定范围的行政区划，即地方标准一词中的"地方"。这里地方标准的"地方"指的是省级行政区划，包括省、自治区、直辖市三种。如果严格依据标准化法，地方一词并不包括特别行政区，仅限于省、自治区和直辖市。仅从适用的地域范围而言，国家标准和行业标准都可以在全国范围内适用，但地方标准仅能在一省范围内适用，这是地方标准和国家标准、行业标准最为重要的区别之一。但这也构成地方标准这一制度的难题。地方标准可以区分为强制性地方标准和推荐性地方标准。强制性地方标准在一省范围内具有法律上的强制力，在外省不具备法律上的强制力；但是推荐性地方标准并不具备强制力，称其在一省范围内有效适用并没有明显的意义。外省企业采纳本省的推荐性地方标准也并非不当。所以，这种在一省范围内适用的主要含义是指该省的行政主管部门发布，且主要对该省发生影响。

最后是地方标准的效力。在我国四级标准中，政府发布的标准为国家标准、行业标准和地方标准三种。其中，地方标准的效力最低，不得与国家标准和行业标准相矛盾。如果地方标准发布在国家标准或行业标准之前，那么该地方标准自动无效；如果地方标准发布与国家标准或行业标准相抵触，则抵触部分无效；如果地方标准发布在国家标准和行业标准之后，则其必须比国家标准和行业标准更为严格。

地方标准可以有诸多分类方法，诸如按照地方标准适用的省份、标准对应的行业、标准的对象等。其中影响最大的分类是依据地方标准的强制力不同将地方标准区分为强制性地方标准和推荐性地方标准。《地方标准管理办法》第 3 条规定："法律、法规规定强制执行的地方标准，为强制性标准；规定非强制执行的地方标准，为推荐性标准。"《标准化法》第 7 条也规定："省、自治区、直辖市标准化行政主管部门制定的工业产品的安全、卫生要求的地方标准，在本行政区域内是强制性标准。"

一般而言，推荐性标准的标准号与强制性标准的标准号并不相同。地方标准的标准号一般由地方标准代号、地方标准发布顺序号、标准发布年代号（四位数）三部分组成。以浙江省地方标准为例：DB 33/T 922—2014 塑料管道壁厚超声波检验方法，这一标准为推荐性标准，"DB"表示地方标准，"33"表示浙江省，"T"表示推荐，"922"表示标准发布序号，"2014"表示标准发布时间为 2014 年；DB 33/ 923—2014 生物制药工业污染物排放标准，这一标准则为 2014 年浙江省人民政府发布的一项强制性地方标准。在有些省份，如果是卫生部门、环境部门等部门所发布的地方标准则标准号与其略有不同，诸如卫生部门的地方标准标志为"DBS"，例如湖南省食品安全地方标准"风味动物性水产品干制熟食"标准号为 DBS 43/006—2013。

总体上而言，推荐性地方标准的数量远大于强制性地方标准的数量。其分布状况与国家标准、行业标准类似。同样以浙江省为例，经浙江省地方标准网查询，截止到 2014 年 12 月，现行有效的地方标准为 734 个，其中推荐性地方标准为 615

个，强制性地方标准为119个。❶浙江省的地方标准中，推荐性地方标准约为强制性地方标准的五倍。

第二节 地方标准的著作权现状

与国家标准和行业标准类似，我国最初将标准视为管理的工具，制定和发布标准被视为一项行政权力。通过《标准化法》等规范性法律文件的授权，作为我国各省、自治区、直辖市的标准化主管部门的各省质监局获得了制定发布地方标准的授权。当然，除了质监局外，卫生局、环保局等部门也有类似授权。无论是法律还是公众，对地方标准的著作权问题一直没有给予较多的关注。近年来比较受社会关注的地方标准也仅为农夫山泉与京华时报纠纷一事（京华时报报道农夫山泉采用浙江省地方标准而非国家标准）。即使该纠纷也不涉及地方标准的著作权问题。我国标准的著作权问题涉及最多的是国家标准的著作权问题，而地方标准的著作权问题在我国讨论仍然过少。

本书认为，对国家标准和行业标准而言，强制性标准自然不享有著作权，而推荐性标准也同样不享有著作权。而地方标准相当于"小号"的国家标准和行业标准，应当适用比较近似的著作权规则，即强制性地方标准不享有著作权，而推荐性地方标准同样不享有著作权。虽然以上是本书所持的观点，但总体上而言，我国地方标准的著作权问题是模糊不清、解读多样的。这也是目前法律法规等规范性法律文件所忽视的地方。本

---

❶ http://db33.cnzjqi.com，2014年12月31日访问。

节将着重探讨目前我国法律体系下地方标准的著作权的地位，下节着重于地方标准著作权问题的学理探讨。

在我国标准的著作权问题之上，国家标准、行业标准和地方标准的近似性远大于其中的差异。《标准化法》第6条规定："对没有国家标准和行业标准而又需要在省、自治区、直辖市范围内统一的工业产品的安全、卫生要求，可以制定地方标准。地方标准由省、自治区、直辖市标准化行政主管部门制定，并报国务院标准化行政主管部门和国务院有关行政主管部门备案，在公布国家标准或者行业标准之后，该项地方标准即行废止。"《标准化法实施条例》第7条规定："省、自治区、直辖市人民政府标准化行政主管部门统一管理本行政区域的标准化工作。"第16条规定："地方标准由省、自治区、直辖市人民政府标准化行政主管部门编制计划，组织草拟，统一审批、编号、发布，并报国务院标准化行政主管部门和国务院有关行政主管部门备案。"上述规定都较为类似，基本为下位法重复上位法的表述。省、自治区、直辖市的人民政府标准化行政主管部门一般为各省的质量技术监督局。《标准化法》及其实施条例如是规定实质将制定发布地方标准作为一项行政权力授权给省质监局等地方标准化行政主管部门。引起的民事上的后果即地方标准制定和发布的途径只能通过省质监局等地方标准化行政主管部门完成，而地方质监局等机构实质上也主导了整个地方标准化的进程。这产生的后果是，虽然地方质监局本身并不起草标准，但是其成为地方标准制定发布过程中最为重要的一环。

原国家技术监督局和原新闻出版署1997年发布的部门规章《标准出版管理办法》第3条规定："地方标准由省、自治区、直辖市标准化行政主管部门根据出版管理的有关规定确定相关的出版单位出版。"第 5 条规定："根据上级主管部门的授权或同标准审批部门签订的合同，标准的出版单位享有标准的专有出版权。"《标准出版管理办法》的规定已经基于《标准化法》及其实施条例默认了地方标准的著作权归属于省质监局等标准化行政主管部门——只有省质监局等标准化行政主管部门享有著作权才能授权相关出版单位的"专有出版权"。这种情况跟国家标准、行业标准的处境是相同的。地方标准是否有著作权，著作权原始取得问题观点并不一致，即使认为地方标准享有著作权，《标准出版管理办法》的规定也存在一系列问题。其所默认的情况是要么认为省质监局等标准化行政主管部门原始取得地方标准的著作权，要么认为省质监局等标准化行政主管部门必须通过合同约定从标准起草者那里取得地方标准的著作权。基于前段所说的省质监局等标准化行政主管部门在标准化过程中的主导地位，这二者在实际运行中都不难操作——即使标准起草者不转让标准草案的著作权，那么其将不能起草标准草案，即使地方标准通过后，起草者也不能行使标准著作权，因为行使则违背了《标准出版管理办法》。《著作权法》第 4 条规定："著作权人行使著作权，不得违反宪法和法律，不得损害公共利益。国家对作品的出版、传播依法进行监督管理。"《标准出版管理办法》则可以解释为第 4 条中国家对作品出版、传播监管的一种表现。

《标准出版管理办法》通过这种监督管理的方式将地方标准的著作权从地方质监局等省级标准化主管部门转移给地方标准化主管部门确定的出版单位，从而成为其专有出版权。由于地方标准化主管部门可以通过和标准起草者之间的合同避免著作权纠纷，且相关出版社的专有出版权是地方标准化主管部门"确定"的，所以可以基本避免绝大多数的著作权争议。省质监局确定的出版社各省都有不同，浙江省质监局确定的出版浙江省地方标准的出版单位为浙江科学技术出版社、人民交通出版社等；河南省水利局确定的地方标准的出版社为黄河水利出版社等；四川省住房城乡建设厅确定的出版社为西安交通大学出版社等。

1990年国家质监局颁布了部门规章《地方标准管理办法》。该办法和《行业标准管理办法》内容大致一致，除了一些细节性的规定外，基本与前文所述的内容无实质性差异。卫生部2011年颁布的部门规章《食品安全地方标准管理办法》则是基于《食品安全法》及其实施条例而制定。但除了一些操作性的细节规定外，该办法与前文所言的规范性文件内容一致。此外，各省、自治区、直辖市也针对地方标准制定了一系列"小号"的地方标准管理的地方性法规和地方政府规章。例如1997年广东省人民政府颁布的地方政府规章《广东省标准化监督管理办法》；2005年四川省人大常委会修订的《四川省标准化监督管理条例》，2009年四川省人民政府颁布的地方政府规章《四川省地方标准管理办法》；2000年浙江省人大常委会颁布的地方性法规《浙江省标准化管理条例》，2010年浙江省人民政府颁布的地方政府规章《浙江省地方标准管理办法》；等等。这些地方标准管理的政府规章内容也基本延续了上位法的规定。但也有一些特殊规定，诸如《浙江省地方标准管理办法》第21条规定："地方标准应当公布，并向公众提供免费查阅。"这里并没有区分强制性地方标准还是推荐性地方标准，都必须向公众提供免费查阅。而《四川省地方标准管理办法》第 25 条则规定："省标准化行政主管部门应当在其网站上公布省级地方标准目录和区域性地方标准目录，其中强制性地方标准应当全文公布。"虽然各种地方标准往往被当成政府信息公开的内容，但这同时也表现出不同地区的政府对待地方标准著作权的态度。如前文所述，浙江对全部浙江省地方标准免费公开，而四川仅公开四川省地方标准目录和四川省强制性地方标准。这也表明浙江采取了一种积极限制地方标准著作权的态度；而四川则更倾向于保护推荐性地方标准的著作权，他人未经许可不能查阅。

第三节 地方标准著作权问题探讨

我国不同的省、自治区、直辖市的推荐性地方标准的著作权政策略有不同。同时存在不少省份对推荐性地方标准的著作权问题未涉及的情况。诸如依据《北京市地方标准管理办法》第 59 条，推荐性北京市地方标准目录和全文公众可从主管部门网站上获取；依据《浙江省地方标准管理办法》第 21 条，推荐性浙江省地方标准公众可免费查阅；而依据《四川省地方标准管理办法》等规定，公众仅能免费查阅推荐性四川地方标准的目录。

在探讨地方标准著作权问题时，我国的行业标准与其说近似于国外的学会标准，不如说近似于我国的国家标准。我国地方标准也是这样，与其说近似于国外的区域标准，不如说近似于我国的国家标准和行业标准。国外 CEN 等区域标准的性质与 ISO 等国际标准化组织的性质类似，其制定标准的法律效果也较为接近，更无推荐性标准和强制性标准的区分。而与我国自上而下、自中央到地方的行政体系相适应，存在着国家标准、行业标准和地方标准三级标准的划分。而依据《标准化法》，甚至将企业标准也列入其中，将其视为最低层级的一级标准。类似于上位法优于下位法等法理上的规则，我国标准的效力也存在着国家标准强于行业标准，行业标准强于地方标准，地方标准强于企业标准的规则。这种独特的规则也使得我国的地方标准始终被当成"小号"的国家标准和行业标准来对待。在这种独特的法律规则之下，对地方标准的著作权问题探讨，国家标准和行业标准著作权很有借鉴意义。

首先，从形式上看，地方标准符合著作权法上作品的要件。但地方标准同样是一种官方文件，是地方政府机构或权力机构制定。如果属于一种地方政府规章或地方性法规，毫无疑问，其中的强制性地方标准应当属于一种地方性立法，不应当具有著作权。

其次，对于推荐性地方标准而言，仍然是一种官方文件，由官方机构制定。这种制定和发布行为仍然是行使公权力的行为，尽管这种权力行使的结果不具有强制性。

再次，从社会效果上看，政府仍然应当鼓励地方推荐性标准的传播和使用。对于区域以外的企业或官方机构而言，也仍然具有参考借鉴作用。从这个意义上讲，推荐性地方标准也不应当具有著作权。

最后，在实践中，不同省、自治区、直辖市的标准化行政主管部门所实行的推荐性地方标准的著作权政策不同。大致而言，经济社会较发达的省份其著作权政策较宽松，经济社会欠发达的省份其著作权政策较严苛。这是否也能够说明：在地方标准著作权问题上，应当持一种更为宽松的政策，这样更有助于地方经济的发展。

参考文献

一、中文著作

［1］白殿一等.标准的撰写［M］.北京：中国标准出版社，2009.

［2］郭禾.知识产权法选论［M］.北京：人民交通出版社，2002.

［3］李琛.知识产权法关键词［M］.北京：法律出版社，2006.

［4］李明德、许超.著作权法［M］.北京：法律出版社，2009.

［5］李秋零主编.康德著作全集：六［M］.北京：中国人民大学出版社，2007.

［6］刘春青主编.标准著作权知识问答［M］.北京：中国标准出版社，2010.

［7］刘春田主编.知识产权法［M］.北京：高等教育出版社、北京大学出版社，2005.

［8］刘春田主编.知识产权法［M］.北京：中国人民大学出版社，2009.

［9］龙卫球.民法总论［M］.北京：中国法制出版社，2002.

［10］彭吉象.艺术学概论［M］.北京：北京大学出版社，2006.

［11］齐爱民.知识产权法总论［M］.北京：北京大学出版

社，2010.

[12] 施文高. 比较著作权法制 [M]. 台北：台湾三民书局，1993.

[13] 史尚宽. 民法总论 [M]. 北京：中国政法大学出版社，2000.

[14] 唐广良主编. 知识产权研究：16卷 [M]. 北京：中国方正出版社，2004.

[15] 洪生伟. 标准化工程 [M]. 北京：中国标准出版社，2008.

[16] 王坤. 著作权法科学化研究 [M]. 北京：中国政法大学出版社，2014.

[17] 王泽鉴. 民法总则 [M]. 北京：中国政法大学出版社，2001.

[18] 王泽鉴. 侵权行为法：一 [M]. 北京：中国政法大学出版社，2001.

[19] 韦之. 知识产权论 [M]. 北京：知识产权出版社，2002.

[20] 吴汉东. 知识产权基本问题研究 [M]. 北京：中国人民大学出版社，2004.

[21] 吴彤. 系统分析与哲学思维方式 [M]. 昆明：云南人民出版社，2005.

[22] 徐国栋. 民法总论 [M]. 北京：高等教育出版社，2007.

[23] 薛其林. 民国时期学术研究方法论 [M]. 长沙：湖南人民出版社，2002.

[24] 杨仁寿. 法学方法论 [M]. 北京：中国政法大学出版

社，1999.

[25] 杨延超.作品精神权利论［M］.北京：法律出版社，2007.

[26] 张俊浩主编.民法学原理［M］.北京：中国政法大学出版社，1991.

[27] 赵炎秋、毛宣国主编.文学理论教程［M］.北京：岳麓书社，2000.

[28] 郑成思.知识产权法［M］.北京：法律出版社，2003.

[29] 郑成思主编.知识产权文丛：第13卷［M］.北京：中国方正出版社，2006.

[30] 周林、李明山主编.中国著作权史研究文献［M］.北京：中国方正出版社，1999.

[31] 国家标准化管理委员会、中国标准化研究院编.国内外标准著作权保护政策文件选编［M］.北京：中国质检出版社、中国标准出版社，2012.

[32] GB/T20000.1—2002.标准化工作指南第1部分：标准化和相关活动的通用词汇.

二、中文译著

[1] 十二国著作权法［M］.北京：清华大学出版社，2011.

[2] ［英］帕斯卡尔·卡米纳.欧盟电影版权［M］.籍之伟，等译.北京：中国电影出版社，2006.

[3] ［美］威特曼.法律经济学文献精选［M］.苏力，等译.北京：法律出版社，2006.

[4] ［美］罗斯科.庞德.法理学：第三卷［M］.廖德宇，译.北京：法律出版社，2007.

[5] [美] E. 博登海默.法理学、法律哲学与法律方法 [M]. 邓正来，译．北京：中国政法大学出版社，2004.

[6] [德] 梅迪库斯.民法总论 [M]．邵建东，译．北京：法律出版社，2001.

[7] [德] 拉德布鲁赫.法哲学 [M]．王朴，译．北京：法律出版社，2005．

[8] [德] M·雷炳德.著作权法 [M]．张恩民，译．北京：法律出版社，2004．

[9] [西] 德利娅利普希克.著作权与邻接权 [M]．北京：中国对外翻译出版公司，2000．

[10] [日] 富井政章.民法原论：第一卷 [M]．陈海瀛、陈海超，译．北京：中国政法大学出版社，2003．

三、中文期刊

[1] 冯晓青、冯晔.试论著作权法中作品独创性的界定 [J]．华东政法学院学报，1999（5）．

[2] 何炼红、阳东辉.著作人身权合理使用制度研究 [J]．法学评论，2004（1）．

[3] 金渝林.论版权理论中的作品概念 [J]．中国人民大学学报，1994（3）．

[4] 李静.关于标准著作权的几点看法 [J]．标准科学，2013（7）．

[5] 李莉.论作者精神权利的双重性 [J]．载《中国法学》2006（3）．

[6] 李明发、宋世俊.著作人身权转让质疑 [J]．安徽大学学报（哲学社会科学版），2003（5）．

［7］李硕.标准管理体制对标准著作权保护的影响［J］.航天标准化，2013（3）.

［8］李雨峰.精神权利研究——以署名权和保护作品完整权为主轴［J］.现代法学，2003（4）.

［9］李祖明.标准与知识产权［J］.法学杂志，2004（1）.

［10］凌深根.关于技术标准的著作权及其相关政策的探讨［J］.中国出版，2007（7）.

［11］刘春青等.ISO标准著作权保护新政策解析［J］.标准科学，2013（5）.

［12］柳励和.论著作人身权的功能［J］.学术论坛，2009（2）.

［13］王坤.知识产权本体解析［J］.浙江学刊，2008（1）.

［14］王坤.知识产权对象中存量知识、增量知识的区分及其功能［J］.浙江社会科学，2009（7）.

［15］王坤.著作人格权制度的反思与重构［J］.法律科学，2010（6）.

［16］王清.标准出版若干法律问题探析［J］.出版科学，2008（3）.

［17］熊琦.论"接触权"——著作财产权类型化的不足与克服［J］.法律科学，2008（5）.

［18］闫涛、刘雪涛.我国国家标准著作权政策法理探讨［J］.世界标准化与质量管理，2008（2）.

［19］杨华权.论中国标准的著作权和专有出著作权［J］.电子知识产权，2011（11）.

［20］尹西明.反思与重构：著作人身权制度探讨——以法律本体秩序为视野［J］.河南省政法管理干部学院学报，

2007（1）.

[21] 张冬梅.付出创造性劳动的推荐性国家标准应受著作权法保护［J］.中国知识产权报，2003.

[22] 张建邦.精神权利保护的一种法哲学解释［J］.法制与社会发展，2006（1）.

[23] 张平、马晓.标准化组织的知识产权政策［J］.信息技术与标准化，2004（3）.

[24] 周应江、谢冠斌.技术标准的著作权问题辨析［J］.知识产权，2010（2）.

四、外文文献

[1] Jessica Litman. The Public Domain［J］. Emory Law Journal, Fall, 1990.

[2] Interlego A. G. v. Tyco Indus. Inc., U. K. R. P. C. P, 371, 1988.

[3] Richard A. Mann et al., Starting from Scratch: A Lawyer's Guide to Representing a Start-Up Company［M］. 56 Ark. L. Rev., 2004.

[4] Richard Bronaugh & Peter Barton & Abraham Drassinower. A Rights-Based View of the Idea/Expression Dichotomy in Copyright Law［M］. 16 Can. J. L. & Juris., 2003.

[5] Burton Ong, Originality from Copying: Fitting Recreative Works into the Copyright Universe, 2, I. P. Q, 165, 174, 2010.

[6] Alfred Bell & Co. v. Catalda Fine Arts, 191 F. 2d 99, 104-105, 90 U. S. P. Q. 153, 2d Cir. 1951.

[7] Gideon Parchomovsky & Alex Stein, originality, 95 Va. L.

Rev. ,2009.

[8] Lionel Bently and Brad Sherman. Intellectual Property Law [M]. Oxford University Press, 2001.

[9] Historical Record of ISO Membership since its Creation, 1947, Prepared by Diane BRITTON 2013 - 10 - 21.

[10] L. Ruppert, Secretary IEC, Brief History of the International Electrotechnical Commission.

[11] Bureau Central de la Commission Electrotechnique Internationale 1. Rue de Varembé Genève, Suisse, 1956.

[12] 鳥澤孝之. 国家規格の著作権保護に関する考察——民間団体が関与した日本工業規格の制定を中心に－ [J]. 知財管理, 2009 (7).

[13] Policy for the Distribution of ISO Publications and the Protection of ISO's Copyright (ISO POCOSA 2012).

[14] ISO POCOSA 2012 Annex 1: List of ISO Publications.

[15] ISO POCOSA 2012 Annex 5: Discounts and Royalty Fees.

[16] Iec Sales Policy.

[17] Resolution 66 Documents and Publications of the Union.

[18] CEN - CENELEC GUIDE 10: Guidelines for the distribution and sales of CEN - CENELEC publications Edition 2, January 2010.

[19] ETSI Guidelines for Antitrust Compliance.

[20] ETSI Rules of Procedure Annex 6: ETSI Intellectual Property Rights Policy.

[21] ETSI Guide on Intellectual Property Rights.

[22] BS 0: 2011 BSI Standards Publication: A standard for stand-

ards.

[23] Notice of copyright 1: Reproduction of DIN Standards in Literature and for advertising purposes, Deutsches Institut für Normung e. V. January 2011.

[24] Notice of copyright 2: Translation of DIN Standards, Deutsches Institut für Normung e. V. January 2011.

[25] Notice of copyright 3: Reproduction of DIN Standards for in-house purposes, use in internal networks, documentation in business transactions, Deutsches Institut für Normung e. V. January 2011.

[26] Notice of copyright 4: Reproduction of DIN Standards for educational purposes, Deutsches Institut für Normung e. V. January 2011.

[27] 日本工業規格等に関する著作権の取扱方針について，平成十四年三月二十八日日本工業標準調査会標準部会議決，平成十四年四月二十四日適合性評価部会議決。

[28] 公益社団法人自動車技術会著作権規則。

[29] Intellectual Property Policy of ASTM International, Originally Approved 28 April 1999, As amended by the ASTM International Board of Directors, October 28, 2003.

[30] Merkblatt 1: Kopieren von VDI-Richtlinien auf speziellem VDI-Kopierpapier.

[31] Merkblatt 2: Abdruck/Vervielfältigung von VDI-Richtlinien für literarische, werbliche oder unterrichtliche Zwecke.

[32] Merkblatt 3: Übersetzung von VDI-Richtlinien in Fremdsprachen.

[33] Merkblatt 4: Verfügbarkeit und Nutzung von VDI – Richtlinien in elektronischer Form.

[34] Merkblatt 5: Einspeisen von VDI – Richtlinien in firmeninterne Netze.

附录：国内主要标准著作权规范性法律文件

标准出版管理办法

（技监局政发〔1997〕118号
技监局政发1997年8月8日发布）

第一条 为了加强标准出版活动的管理，保护知识产权，根据《中华人民共和国标准化法》、《中华人民共和国标准化实施条例》、《出版管理条例》和国家有关出版管理规定，制定本办法。

第二条 在中国境内从事标准出版活动，适用本办法。

本办法所称标准，是指国家标准、行业标准和地方标准。

本办法所称标准出版活动，包括标准出版物（包括纸质文本、电子文本）的出版、印制（印刷或复制）、发行。

第三条 标准必须由国务院出版行政部门批准的正式出版单位出版。

国家标准由中国标准出版社出版；工程建设、药品、食品卫生、兽药和环境保护国家标准，由国务院工程建设、卫生、农业、环境保护等管理部门根据出版管理的有关规定确定相关的出版单位出版，也可委托中国标准出版社出版。

行业标准由国务院有关行政主管部门根据出版管理的有关规定确定相关的出版单位出版，也可由中国标准出版社出版。

地方标准由省、自治区、直辖市标准化行政主管部门根据出版管理的有关规定确定相关的出版单位出版。

第四条 标准的正式说明和解释，由标准的审批部门组织编写，并按本办法第三条的有关规定由有的出版单位出版，其他任何单位和个人不得编写和出版。

第五条 根据上级主管部门的授权或同标准审批部门签订的合同，标准的出版单位享有标准的专有出版权。

第六条 标准出版合同应当符合国家出版管理规定。出版合同包括以下基本内容：（一）标准的专有出版权；（二）标准的载体形式、文种；（三）发行范围；（四）交稿要求；（五）出版周期、质量要求；（六）出版费用；（七）义务与权利；（八）违约责任。

第七条 任何单位或个人以经营为目的，以各种形式复制标准的任何部分，必须事先征得享有专有出版权单位的书面同意。

任何单位或个人将标准的任何部分存入电子信息网络用于传播，必须事先征得享有专有出版权单位的书面同意。

出版单位出版标准汇编时，必须事先征得享有专有出版权单位的书面同意。

第八条　非正式审批或发布的标准，任何单位不得以任何形式出版发行。

第九条　经审批、发布的标准，在送交出版单位出版时，需附有标准审批部门的正式批文或发布文。出版稿的内容应当符合《标准化工作导则》（GB/T1）的规定。

第十条　标准出版后，出版单位应当按照有关规定及时向有关标准化技术委员会或有关技术归口单位赠送样本。

第十一条　标准发行应当遵守国务院出版行政部门的有关规定。

第十二条　违反本办法第三条、第四条、第五条、第七条、第八条、第十一条规定的，按下列有关规定处理：

（一）未经批准，擅自设立标准出版单位或者擅自从事标准的出版、印刷或者经营性复制、发行、传播业务的，予以取缔，没收非法出版物和从事非法活动的专用工具、设备以及违法所得,并处违法所得2倍以上10倍以下的罚款;构成犯罪的,依法追究刑事责任。

(二)盗印、盗制标准的,没收非法出版物和违法所得,并处违法所得3倍以上10倍以下的罚款;情节严重的,责令停业整顿或者依据《出版管理条例》吊销许可证;构成犯罪的,依法追究刑事责任。

(三)印刷或者复制单位未取得印刷或者复制合法手续而印刷或者经营性复制标准的,发行单位和个人发行未署出版单位名称的标准,没收出版物和违法所得,可以并处违法所得5倍以下罚款;情节严重的,责令停业整顿或者依据《出版管理条例》吊销许可证。

(四)伪造、假冒标准出版单位名称出版或复制标准的,依照《中华人民共和国标准化法》、《中华人民共和国标准化实施条例》和《出版管理条例》予以取缔,没收非法出版物和违法所得,并处违法所得3倍以上5倍以下的罚款。构成犯罪的,依法追究刑事责任。

(五)侵犯标准出版单位合法权益的,依法承担民事责任。

第十三条 本办法中涉及的行政处罚,由国务院出版行政部门或者省、自治区、直辖市出版行政部门决定。吊销许可证的处罚,由原发证部门决定。

第十四条 根据国际标准化组织（ISO）和国际电子委员会（IEC）的授权，由国务院标准化行政主管部门负责组织翻译或认可的ISO/IEC标准、技术报告、国际标准草案（DIS）、委员会草案（CD）等正式文件的出版发行按本办法执行。

由国际标准化组织（ISO）认可的其他国际标准化组织制定的标准及其各种正式文件的出版发行参照本办法执行，上述出版物均由中国标准出版社出版。

第十五条 本办法由国家技术监督局和国家新闻出版署解释。

第十六条 本办法自发布之日起施行。

最高人民法院知识产权审判庭关于中国标准出版社与中国劳动出版社著作权侵权纠纷案的答复

（1999年11月22日〔1998〕知他字第6号函）

北京市高级人民法院：

你院〔1998〕286号请示收悉。经研究，答复如下：

1. 推荐性国家标准，属于自愿采用的技术性规范，不具有法规性质。由于推荐性标准在制定过程中需要付出创造性劳动，具有创造性智力成果的属性，如果符合作品的其他条件，应当确认属于著作权法保护的范围。对这类标准，应当依据著作权法的相关规定予以保护。法院应当根据本案的实际情况，确认这类作品的著作权人，确认原告是否经过合法授权，最终确定原告的诉讼请求是否成立。

2. 国家标准化管理机关依法组织制订的强制性标准，是具有法规性质的技术性规范，由标准化管理机关依法发布并监督实施。为保证标准的正确发布实施，标准化管理部门依职权将强制性标准的出版权授予中国标准出版社，这既是一种出版资格的确认，排除了其他出版单位的出版资格；同时也应认定是出版经营权利的独占许可。其他出版单位违反法律、法规出版强制性标准，客观上损害了被许可人的民事权益。请你院与朝阳区法院依据民事诉讼法及其他法律的规定，并考虑办案的社会效果，多做工作，争取调解解决此案。

以上意见供参考。

关于进一步加强标准版权保护规范标准出版发行工作的意见

（国质检标联〔2004〕361号）

为进一步加强对国家标准出版发行工作的管理，保护标准的版权和专有出版权，规范标准出版发行工作，促进标准化事业健康发展，现提出如下意见，请认真执行。

一、各地方、各部门和有关单位要认真贯彻执行《中华人民共和国标准化法》和原国家质量技术监督局、原新闻出版署联合发布的《标准出版管理办法》，提高法律意识，有效保护标准版权和专有出版权。

二、标准必须由标准化主管部门授权的正式出版单位出版，被授权的标准出版单位享有标准专有出版权。未经授权不得从事标准出版活动。未经许可，任何单位和个人不得将未经正式批准发布的标准草案用于商业目的出版、发行和使用。

三、建立统一开放、竞争有序的标准发行市场，鼓励具备出版物经营资质的发行单位从事标准发行工作。

四、标准全文网络服务工作由国家标准化管理委员会统一组织实施，国家质量监督检验检疫总局和国家标准化管理委员会将积极采取措施，建立健全标准网络服务体系。

五、企事业单位在生产经营活动中，应当使用正版标准；中介机构在从事检验、鉴定、认证、咨询和培训等活动中，应当使用正版标准；质量监督检验检疫系统在从事行政监督检查、执法办案、行政许可等公务活动中，应当使用正版标准。国家质量监督检验检疫总局、国家标准化管理委员会积极推进在其他领域公共管理活动中使用正版标准。

六、标准使用单位对保护标准版权负有义务，发现标准侵权盗版等非法活动要主动向有关部门举报。

七、任何单位和个人不得从事或参与标准侵权、盗版活动；不得将标准全文刊登在公共网络和其他出版物上；不得违反本办法第五条的规定使用非正版标准。发行单位不得销售非法标准出版物。

八、标准出版和发行机构要加强市场服务意识，积极拓展标准发行业务。要加强自律，自觉遵守有关法律法规，维护标准版权和专有出版权。对违反规定的，由其主管部门责令停业整顿，直至取消标准出版发行资格。

九、国家质量监督检验检疫总局和国家标准化管理委员会组织开展对《标准出版管理办法》及本意见贯彻执行情况的监督检查。

各地质量技术监督局要加强对标准出版发行工作的监督管理，对违反法律、法规、规章的标准侵权盗版行为，及时协同有关部门依法进行查处，同时追究有关领导人和直接责任人的行政责任。对构成犯罪的，移送司法机关追究刑事责任。重大案件要及时上报国家质量监督检验检疫总局和国家标准化管理委员会。

各地质量技术监督局、各单位要认真组织宣传贯彻本意见。对在执行中发现的问题，及时报告国家质量监督检验检疫总局和国家标准化管理委员会。

标准网络出版发行管理规定（试行）

（国标委计划〔2005〕66号）

第一条 为了加强对标准网络出版活动的管理，保护标准的版权，规范标准网络出版发行工作，根据《中华人民共和国标准化法》、《出版管理条例》、《标准出版管理办法》和国家有关规定，制定本规定。

第二条 从事标准网络出版发行活动，适用本规定。

第三条 本规定所称标准，是指中国国家标准。

本规定所称标准网络出版发行活动，是指通过计算机网络进行标准电子版本的销售、远程打印、在线阅读、光盘订制等商业性服务活动。

第四条 标准网络出版发行工作，由国家标准化管理委员会统一管理。

第五条 国家标准化管理委员会授权中国标准出版社为标准网络出版发行单位，享有标准网络专有出版权。未经授权的任何单位和个人，不得从事标准网络出版发行活动。

第六条 标准网络出版发行单位应按照国务院新闻出版主管部门的有关要求，申办网络出版发行资质，依法开展多种形式的标准网络出版发行工作。

第七条 标准网络出版发行单位应建立网络出版

发行中央网站服务系统，采取有效技术措施，保护标准的版权，努力提高标准网络出版发行服务质量。

第八条　标准网络出版发行单位可选择符合发行资质的副省级以上标准化技术机构作为标准网络发行销售代理，签定相关发行销售代理协议，并严格进行管理。销售代理的资质条件由标准网络出版发行单位制定，报国家标准化管理委员会备案。

第九条　标准网络发行销售代理应自觉遵守国家有关法律法规及规章，保护标准版权，按照标准网络出版发行中央网站服务系统要求，规范经营，努力提高服务质量和客户满意度。

第十条　标准网络发行销售代理应及时向标准网络出版发行单位提供客户的有关信息。

第十一条　标准网络出版发行单位应定期向国家标准化管理委员会报告标准网络出版发行情况。

第十二条　国家标准化管理委员会定期组织对标准网络出版发行工作进行监督检查。对存在违法违规经营行为的单位，由标准网络专有出版权单位责令进行整改，直至取消其网络发行销售代理资格。对未经授权进行标准网络发行和商业性标准复制活动的单位及个人，依法追究其责任。

第十三条　行业标准、地方标准的网络出版发行管理，可参照本规定执行。

第十四条　本规定由国家标准化管理委员会负责

解释。

第十五条 本规定自发布之日起试施行。

ISO 和 IEC 标准出版物著作权保护管理规定（试行）

（国标委外〔2007〕5号）

第一章 总则

第一条 为了保护国际标准化组织（ISO）和国际电工委员会（IEC）（以下简称 ISO/IEC）标准出版物的版权，充分利用 ISO/IEC 的工作成果，根据《中华人民共和国标准化法》、《中华人民共和国著作权法》及 ISO/IEC 的有关规定，制定本规定。

第二条 本规定适用于在中国境内对 ISO/IEC 标准出版物的复制，销售，翻译出版和使用的行为。

第三条 ISO/IEC 标准出版物有纸质，电子等形式。包括：

（一）ISO/IEC 标准；

（二）ISO/IEC 标准衍生品；

（三）ISO/IEC 期刊等产品；

（四）合作出版物。

标准出版物具体类型列表见附件1。

第四条 复制是指出于商业目的，以复印，打印，翻拍，拷贝，扫描，下载等方式将 ISO/IEC 标准制作一份或者多份的行为。

销售是指将ISO/IEC标准出版物进行出售的行为。

翻译出版是指将ISO/IEC标准出版物翻译成中文后形成的文稿进行编辑，印刷和发行的行为。

使用是指我国标准化技术机构在制修订国家标准和进行标准化科研活动中使用ISO/IEC标准的行为。

第五条　国家标准化管理委员会统一管理ISO/IEC标准出版物的版权保护工作。

ISO/IEC标准出版物的复制与销售统一纳入国家标准化网络信息服务平台并经国家标准化管理委员会授权有关单位负责管理。

未经国家标准化管理委员会授权，任何单位和个人不得擅自对ISO/IEC标准出版物进行复制，销售，翻译出版和使用。

第六条　经授权从事ISO/IEC标准出版物复制，销售，翻译出版，使用的机构应履行以下义务：

（一）不得将复制，销售，翻译出版，使用权利进行转让。

（二）应通过指定的渠道获得ISO/IEC标准出版物，不得使用非法复制件或用非法复制件进行复制，销售，翻译出版。

（三）不得泄露在工作中获取的访问ISO/IEC中央文件库的用户名和密码。

（四）复制，销售，翻译出版，使用ISO/IEC标准出版物的内容应与 ISO/IEC 标准出版物的原件保持一致。

（五）应采取必要的措施保护 ISO/IEC 标准出版物的版权。具体措施见附件 2。

（六）应按时缴纳版税。版税的计算根据 ISO/IEC 的有关规定执行，见附件 3。

（七）应保护 ISO/IEC 有关标识。

第二章 复制与销售

第七条 ISO/IEC 标准的复制，价格应考虑其成本，适当的利润以及国内有关价格规定。

第八条 向跨国公司提供 ISO/IEC 标准出版物的复制服务，要严格遵守多国版权使用协议（MCEA）和 ISO/IEC 的相关规定。

第九条 ISO/IEC 标准出版物的销售价格应依据 ISO/IEC 公布的目录价确定。

第十条 从事标准文献的收集，借阅服务的标准情报机构，科技情报机构和图书馆等，可以向读者提供 ISO/IEC 标准出版物的阅览服务，不得向读者提供复制，销售服务。

第三章 翻译出版

第十一条 ISO/IEC 标准出版物的翻译参照《国家标准英文版翻译出版工作管理暂行办法》和 ISO 导则 47《ISO 出版物译文表示》执行，并保证翻译准确无误。

第十二条 ISO/IEC 标准出版物译文的发行工作，应当遵守国家有关规定。

第十三条 ISO/IEC 标准出版物译文的出版价格由出版机构在考虑上缴给 ISO/IEC 的版税后，按国家的有关规定执行。

第十四条 中国标准出版社负责 ISO/IEC 标准出版物译文的出版发行工作。

第十五条 ISO/IEC 标准出版物译文出版后，中国标准出版社应按照有关规定及时向国家标准化管理委员会和翻译机构赠送样书或电子光盘。

第四章 使用

第十六条 经国家标准化管理委员会许可，标准化技术机构在制修订国家标准和进行有关标准化科研活动时，可以免费使用，复制，翻译已获得的 ISO/IEC 标准，但不得进行任何以商业为目的的活动。

第十七条 经许可免费使用 ISO/IEC 标准的标准化技术机构，每年应向国家标准化管理委员会提供标准使用状况的清单。

第十八条 本规定所称标准化技术机构是指：

（一）全国专业标准化技术委员会；

（二）ISO/IEC 国内技术对口组织；

（三）承担国家标准制修订任务的有关单位。

第十九条 在使用 ISO/IEC 标准活动结束后，标准文本的管理依据《标准档案管理办法》执行。

第五章 法律责任

第二十条 经授权从事 ISO/IEC 标准出版物复制、销售、翻译出版的机构擅自将业务转让给他人的，取消其复制、销售、翻译出版 ISO/IEC 标准出版物的资格，造成严重后果的，依法追究其相应的法律责任。

第二十一条 经授权从事 ISO/IEC 标准出版物复制、销售、翻译出版的机构没有采取必要的措施，致使 ISO/IEC 标准出版物被第三人非法复制、销售、翻译出版的，该机构应承担相应的责任。

第二十二条 标准化技术机构在使用 ISO/IEC 标准过程中，因管理不当致使 ISO/IEC 标准版权受到侵害的，该标准化技术机构承担相应的责任。

第二十三条 经授权从事 ISO/IEC 标准出版物复制、销售、翻译出版的机构未按规定缴纳版税的，责令其限期缴纳，逾期仍未缴纳的，取消其复制、销售、翻译出版 ISO/IEC 标准出版物的资格。

第二十四条 未经国家标准化管理委员会授权，擅自对 ISO/IEC 标准出版物进行复制、销售、翻译出版的机构和个人，责令其停止复制、销售、翻译出版活动。

第二十五条 对违反规定的，国家标准化管理委员将通过行政的或者法律的途径予以处理，并追缴有关费用。

第六章 附则

第二十六条 对其他国家和国际组织有关标准出版物的复制，销售，翻译出版的管理参照本规定执行。

第二十七条 本规定由国家标准化管理委员会负责解释。

第二十八条 本规定自发布之日起施行。

附件1：

ISO/IEC 出版物类型

类型	ISO/IEC 标准	ISO/IEC 标准衍生品	ISO/IEC 期刊等产品	联合出版物
定义	按照 ISO 或 IEC 导则规定，在 ISO/IEC 的技术活动范围内制定的可交付出版物	由单个 ISO 或 IEC 标准衍生或组成的出版物	由 ISO 或 IEC 出版，用于向用户及公众传递信息的产品和期刊	由 ISO 或 IEC 与某一团体联合发行的出版物；ISO/IEC 与其成员为了实施特定协议，通过 ISO/IEC 网站发行的其他国际组织和标准制定组织的出版物

续表

类型	ISO/IEC 标准	ISO/IEC 标准衍生品	ISO/IEC 期刊等产品	联合出版物
举例	-标准草案 ·工作草案（WD） ·委员会草案（CD） ·国际标准草案（DIS） ·最终国际标准草案（FDIS） -标准 ·标准（IS） ·可公开提供的规范（PAS） ·技术规范（TS） ·技术报告（TR） ·技术趋势评估（TTA） ·ISO/IEC 指南 ……	·标准手册 ·简编 ·标准汇编 ……	·宣传手册 ·ISO/IEC 期刊 ·年度报告 ·战略计划 ……	

附件2：

ISO/IEC 出版物版权保护技术措施

一、纸质出版物

（一）应在复制件的边缘标注明显的复印时间、地点、复制机构等相关信息。

（二）应在复印件上加盖授权复制专用章。

二、电子出版物

（一）通过网络销售或分发时，应采取数字权管理技术。能够：

1. 控制用户下载打印的行为，包括控制文件下载打印的种类、数量、时间；

2. 控制文件下载到特定的计算机上，并控制存储在该计算机上的时间；

3. 自动记录登录用户名称、登录次数、时间，所浏览文件的名称、次数、时间。

（二）应在每个电子出版物首页出示版权声明。

用于商业目的版权声明：

> **版权声明**
>
> 本文件依法受版权保护，未经授权，不得复制、销售和翻译出版。违者必究。

用于免费使用的版权声明：

> **版权声明**
>
> 本文件依法受版权保护，禁止用于任何商业目的的复制、销售和翻译出版行为。违者必究。

附件3：

ISO/IEC 出版物版税

行为类别	出版物类别	版税	
		ISO	IEC
复制	标准	目录价的30%	目录价或协议价的40%
	标准草案	净收入的30%	目录价的30%
	标准衍生品、期刊等产品、合作出版物	不允许复制	
销售	各类出版物	按 ISO、IEC 原版出版物销售规定进行	
翻译出版	标准、标准草案、标准衍生品	目录价的20%	
	ISO 期刊、合作出版物	不允许翻译出版	

续表

行为类别	出版物类别	版税	
		ISO	IEC
使用	标准	免费	免费（PAS，仅当 IEC 版权许可时才可以免费使用）
	标准草案	免费	
	标准衍生品、期刊等产品、合作出版物	不免费使用	

注：1. 目录价是 ISO、IEC 网站或 ISO、IEC 现行标准目录中标示的价格。
2. 协议价是根据目录价、电子出版物网络用户数量等因素确定的价格。

关于进一步打击标准侵权盗版加强标准版权保护工作的通知

（国标委办联〔2010〕78号文）

各省、自治区、直辖市和计划单列市、副省级市质量技术监督局，各直属检验检疫局，国务院各有关部委、行业协会、集团公司有关标准化管理部门，各标准化科研机构，各全国专业标准化技术委员会，各标准发行机构，国家认可机构，各认证、咨询、培训机构：

为认真贯彻落实《国务院办公厅关于印发打击侵犯知识产权和制售假冒伪劣商品专项行动方案的通知》（国办发〔2010〕50号）和《国家质检总局关于贯彻落实国务院〈打击侵犯知识产权和制售假冒伪劣商品专项行动方案〉的通知》（国质检执〔2010〕

590号）精神，进一步加大打击标准侵权盗版工作力度，加强标准版权保护工作，按照国务院和国家质检总局的统一部署，现就有关事项通知如下：

一、高度重视打击标准侵权盗版工作

近年来，在党中央、国务院的高度重视和各地区、各部门的共同努力下，严肃查处了一批侵犯标准版权的大案要案，标准版权保护工作取得积极成效。但受多方面因素的影响，标准盗版等侵犯标准版权的现象仍时有发生，在一些地区和领域还比较严重。有的擅自将标准全文制成数据库，用于传播或销售；有的在认证、咨询、培训以及公共管理和公务活动中使用盗版标准；有的未经许可大量复制标准并低价向用户倾销等等。这些盗版标准往往是文本差错率高，有些是过期作废标准，甚至篡改、变造数据，严重损害了标准的权威性、准确性和严肃性，损害了企业的经济利益，干扰了我国正常的市场经济秩序，甚至对我国的国际形象造成了不良影响。

根据国家有关法律法规和司法解释以及国际协议的规定，标准享有版权，禁止未经许可复制和销售。各地方、各部门以及相关机构要认真学习贯彻《国务院打击侵犯知识产权和制售假冒伪劣商品专项行动方案》精神，统一思想，充分认识开展打击标准侵权盗版、加强标准版权保护的重要意义，进一步加强组织领导，增强大局意识，克服地方保护主义倾向，把开展打击标准侵权盗版作为"双打"行动的重要组成部分，建立并完善打击侵犯标准版权、加强标准版权保护的长效机制，使标准版权保护工作落到实处。

二、突出打击标准侵权盗版的重点

打击标准侵权盗版工作要坚持突出重点、整体推进、以点带面、打防结合、注重实效。要以保护标准版权、标准专有出版权、标准网络传播权等为重点内容，以规模性非法复制标准、非法制作标准数据库、非法网络传播等为重点对象，以盗版复制和非法传播标准的集散地、高发地等领域为重点整治区域，加大监督检查力度，有效遏制规模性侵犯标准版权的行为，使标准版权得到有效保护。

通过打击标准侵权盗版，加强标准版权保护工作。要严肃查处一批侵犯标准版权的大案要案，曝光一批违法违规机构，形成持续打击侵犯标准版权的高压态势；要增强标准化与合格评定相关机构和标准用户诚信守法意识，形成自觉抵制盗版标准、重视标准版权保护的社会氛围；要加强与打假维权部门的协作，提升效能，加大力度，充分发挥标准版权行政保护和司法保护的作用，形成打击侵权盗版、保护标准版权的合力。

三、进一步落实标准版权保护的有关规定

根据有关法律法规的规定，国家标准、行业标准和地方标准由批准发布部门确定的出版单位出版。根据有关国际协议的规定，ISO/IEC标准出版物的复制与销售由国家标准委授权有关单位负责管理。企事业单位的生产经营活动，标准化服务机构和中介机构的检验、鉴定、认证、咨询和培训等活动，政府有关部门的行政监督检查、执法办案、行政许可等公务活动都必须使用正版标准。在"双打"活动中，要坚决执行标准版权保护的有关规定，并严格执行以下六项要求：

（一）未经标准批准发布部门同意，严禁任何单位或个人以营利为目的，复制标准（包括纸质版、网络版、电子版、光盘等）的任何部分；

（二）未经标准批准发布部门同意，严禁任何单位或个人将标准的任何部分通过电子信息网络或制作成标准数据库用于传播；

（三）未经标准批准发布部门同意，严禁任何单位或个人印制、发行标准和标准汇编；

（四）未经标准批准发布部门同意并取得内部资料印刷许可证，严禁任何单位或个人以"内部资料"名义印制、发行、传播标准及标准汇编；

（五）未经标准批准发布部门同意，严禁任何单位或个人印制、发行非正式审批或发布的标准；

（六）未经国家标准委授权，严禁任何单位和个人对ISO/IEC标准出版物及相关工作文件进行复制、销售、传播和翻译出版。

四、加强监督检查

标准化科研机构、标准化技术委员会、认证机构、咨询和培训机构等要认真开展自查，及时发现并纠正存在的标准侵权盗版行为。要结合"创先争优"活动的开展，加强诚信体系建设，相关机构应作出不侵权、不盗版的公开承诺，营造保护标准版权的良好氛围。

各部门和各地方要组织检查组，到标准侵权盗版现象较为严重的单位和地区开展督查督办，对存在的问题及时提出整改意见，积极组织整改。对不落实工作要求，瞒报有关问题，不依法处理的单位和个人要追究责任。各部门和各地方可以组织对标准用户使用标准情况的专项检查，对重点标准用户在科研、教学、生产经营、咨询培训、签订合同及相应的标准化与合格评定活动中，使用非正版标准者，及时予以纠正。

各部门、各地方和有关机构要将督查及整治工作进展情况、阶段性效果以及案件查处情况及时报送国家标准委和国家认监委。

五、严肃追究责任

对存在标准侵权盗版行为，经督促检查仍不进行整改或整改未达到要求的，国家标准委、国家认监委、各部门、各地方将会同有关部门进行查处，予以曝光，并依法追究其行政责任、民事责任；对触犯刑法的，移送司法机关，追究其刑事责任。

对标准化科研机构存在标准侵权盗版行为，经整改仍不纠正的，国家标准委将取消其申报中国标准创新贡献奖和标准化公益性科研专项的资格。对标准化技术委员会承担单位存在侵权盗版行为，经整改仍不纠正的，国家标准委将取消其相应资格。对标准发行机构存在侵权盗版行为，经整改仍不纠正的，国家标准委将取消其标准发行资格。对认可、认证、咨询、培训机构存在侵权盗版行为，经整改仍不纠正的，国家认监委将依据有关规定处理。

六、建立健全标准版权保护的长效机制

一是加强组织领导。有关部门、地方和相关机构的领导要高度重视标准版权保护工作，把标准版权保护工作纳入本单位的工作日程。建立监督考核制度，明确责任，把标准版权保护工作作为相关机构和人员考核的重要指标，及时总结经验，研究进一步建立健全长效工作机制。

二是进一步提高标准信息服务水平。国家标准委会同有关部门加快国家标准化信息平台建设，建立涵盖国家标准化资源、国际标准化资源、WTO/TBT–SPS资源、标准全文资源以及标准文献服务资源的数据库群，进一步完善标准数字发行传播系统，简化检索程序，实现多功能模糊查询，充分利用标准数字化离线、在线打印手段，使标准发行传播系统覆盖全国，为全社会提供权威、准确、全面的标准化信息服务。

三是加大舆论宣传力度。积极争取宣传部门和新闻媒体的支持，充分发挥电视、广播、报刊、网络等媒体的宣传和导向作用，有针对性地宣传国内和国际标准版权保护政策，重点曝光标准侵权盗版案件，强化全社会的标准版权意识，全面提高标准版权保护水平。

四是畅通举报渠道。充分发挥现有举报投诉机制的作用，调动社会力量参与监督。设立举报电话和举报网络平台，完善举报奖励制度，畅通标准用户维权诉求渠道，形成打击侵犯标准版权案件的快速处置和反馈机制。

国家标准委举报电话：010-68510107

国家认监委举报电话：010-82262734

网络举报平台：www.biaofalian.org.cn

关于进一步加强标准出版版权保护规范标准出版发行工作的意见

（国质检标联〔2004〕361号文）

为进一步加强对国家标准出版发行工作的管理，保护标准的版权和专有出版权，规范标准出版发行工作，促进标准化事业健康发展，现提出如下意见，请认真执行。

一、各地方、各部门和有关单位要认真贯彻执行《中华人民共和国标准化法》和原国家质量技术监督局、原新闻出版署联合发布的《标准出版管理办法》，提高法律意识，有效保护标准版权和专有出版权。

二、标准必须由标准化主管部门授权的正式出版单位出版，被授权的标准出版单位享有标准专有出版权。未经授权不得从事标准出版活动。未经许可，任何单位和个人不得将未经正式批准发布的标准草案用于商业目的出版、发行和使用。

三、建立统一开放、竞争有序的标准发行市场，鼓励具备出版物经营资质的发行单位从事标准发行工作。

四、标准全文网络服务工作由国家标准化管理委员会统一组织实施，国家质量监督检验检疫总局和国家标准化管理委员会将积极采取措施，建立健全标准网络服务体系。

五、企事业单位在生产经营活动中，应当使用正版标准；中介机构在从事检验、鉴定、认证、咨询和培训等活动中，应当使用正版标准；质量监督检验检疫系统在从事行政监督检查、执法办案、行政许可等公务活动中，应当使用正版标准。国家质量监督检验检疫总局、国家标准化管理委员会积极推进在其他领域公共管理活动中使用正版标准。

六、标准使用单位对保护标准版权负有义务，发现标准侵权盗版等非法活动要主动向有关部门举报。

七、任何单位和个人不得从事或参与标准侵权、盗版活动；不得将标准全文刊登在公共网络和其他出版物上；不得违反本办法第五条的规定使用非正版标准。发行单位不得销售非法标准出版物。

八、标准出版和发行机构要加强市场服务意识，积极拓展标准发行业务。要加强自律，自觉遵守有关法律法规，维护标准版权和专有出版权。对违反规定的，由其主管部门责令停业整顿，直至取消标准出版发行资格。

九、国家质量监督检验检疫总局和国家标准化管理委员会组织开展对《标准出版管理办法》及本意见贯彻执行情况的监督检查。

各地质量技术监督局要加强对标准出版发行工作的监督管理，对违反法律、法规、规章的标准侵权盗版行为，及时协同有关部门依法进行查处，同时追究有关领导人和直接责任人的行政责任。对构成犯罪的，移送司法机关追究刑事责任。重大案件要及时上报国家质量监督检验检疫总局和国家标准化管理委员会。

各地质量技术监督局、各单位要认真组织宣传贯彻本意见。对在执行中发现的问题，及时报告国家质量监督检验检疫总局和国家标准化管理委员会。

后　记

　　标准著作权的配置结构关系到标准制定者、使用者以及社会公众的利益。作为一名标准化工作者，由于工作的原因，长期被标准的知识产权问题所困扰：什么是著作权？什么是专有出版权？这两者之间有什么样的关系？各标准化组织的知识产权政策如何？这些问题，困扰我多年。我想，这可能是标准化工作者面临的一个普遍问题。于是，我开始对国内外标准化组织制定的关于标准的著作权政策进行了系统的研究，形成一系列自己的观点。这些观点也形成了论文，在《中国标准化》等杂志上发表。在上述成果的基础上，考虑到国内关于标准著作权方面上没有专著，因此，我不揣浅陋，和天津科技大学法学院陈杰先生合作，共同将标准著作权方面的研究成果整理成书。据悉，有关部门正在加快推动我国《标准化法》的修法工作，希望在《标准化法》修订过程中，能对我国标准著作权问题有个明确的规定。

　　本书第一章由陈杰负责撰写，第八章主要由唐建辉负责撰写，我本人主要负责第二章至第七章的撰写工作。

　　非常感谢中国计量学院副校长宋明顺教授在百忙之中拨冗作序。另外，本书借鉴了浙江省社会科学院法学所研究员王坤博士对于著作权法的一些观点和表述。同时，在本书写作过程中，王坤博士也提出众多修改意见。纪新瑞、许非、徐亦萍、何琳、朱莺等同事在资料收集等方面提供了很多帮助。知识产权出版社的责任编辑刘睿、文茜对本书作了非常细致的编辑工作。在此一并表示诚挚的谢意！必须指出的是：对于标准著作权问题，往往见仁见智。我们在本书提出的观点，不一定正确，希望读者给予批评指正。

郑 培

2015 年 2 月

《知识产权专题研究书系》书目

1. 专利侵权行为研究　　　　　　　　　　安雪梅
2. 中国区际知识产权制度比较与协调　　　杨德明
3. 生物技术的知识产权保护　　　　　　　刘银良
4. 计算机软件的知识产权保护　　　　　　应　明　孙　彦
5. 知识产权制度与经济增长关系的
   实证研究　　　　　　　　　　　　　许春明
6. 专利信托研究　　　　　　　　　　　　袁晓东
7. 金融商业方法专利策略研究　　　　　　张玉蓉
8. 知识产权保护战略研究　　　　　　　　曹新明　梅术文
9. 网络服务提供商版权责任研究　　　　　陈明涛
10. 传统知识法律保护研究　　　　　　　　周　方
11. 商业方法专利研究　　　　　　　　　　陈　健
12. 专利维持制度及实证研究　　　　　　　乔永忠
13. 著作权合理使用制度研究
    ——应对数字网络环境挑战　　　　　于　玉
14. 知识产权协调保护研究　　　　　　　　刘　平
15. 网络著作权研究　　　　　　　　　　　杨小兰
16. 中美知识产权行政法律保护制度比较
    ——捷康公司主动参加美国337行政程序案　朱淑娣
17. 美国形象权法律制度研究　　　　　　　马　波